TAB

TAB

TAB

TAB

TAB

TAB

TAB

T
A
B

T
A
B

T
A
B

T
A
B

T
A
B

T
A
B

T
A
B

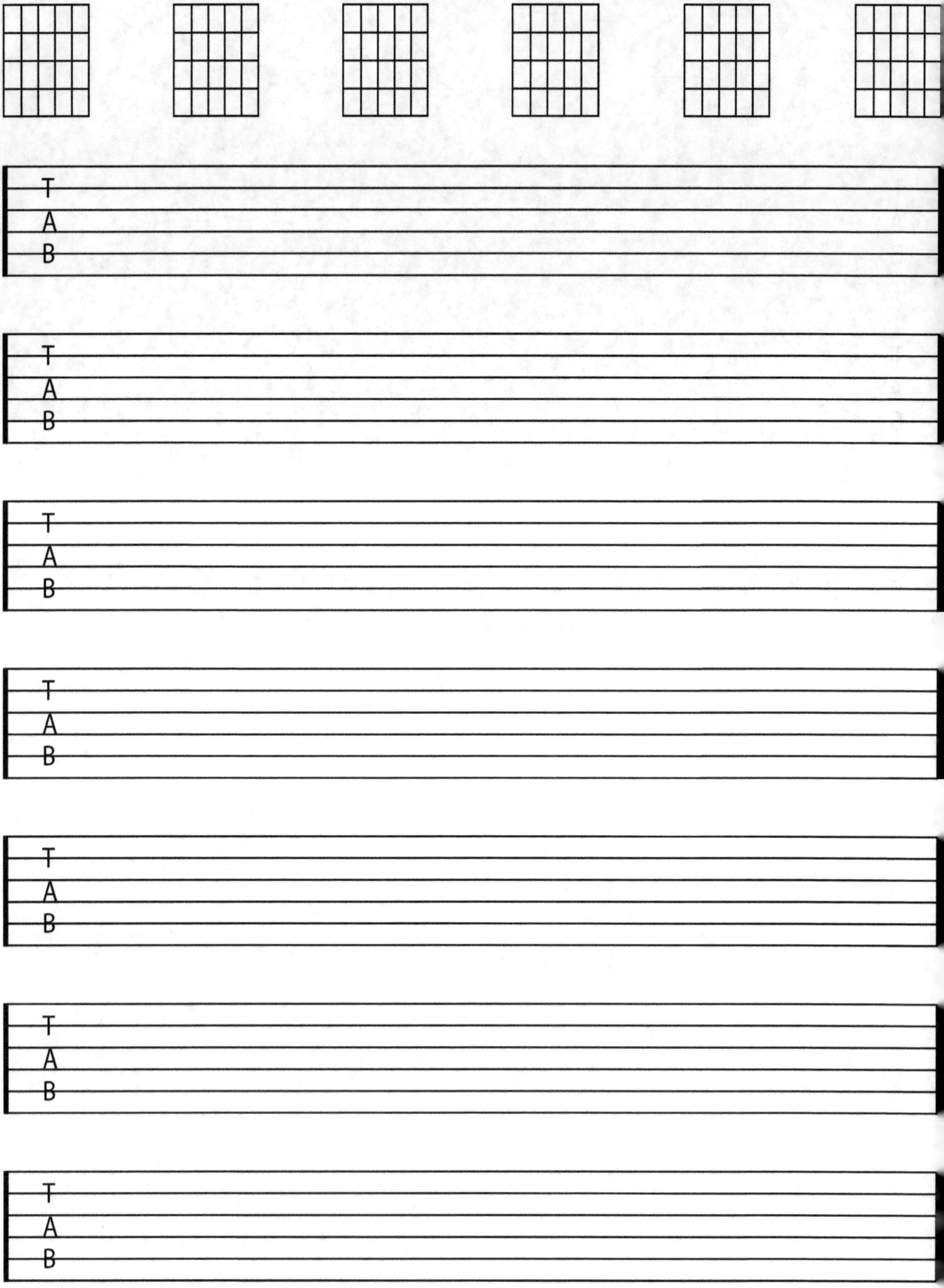

T
A
B

T
A
B

T
A
B

T
A
B

T
A
B

T
A
B

T
A
B

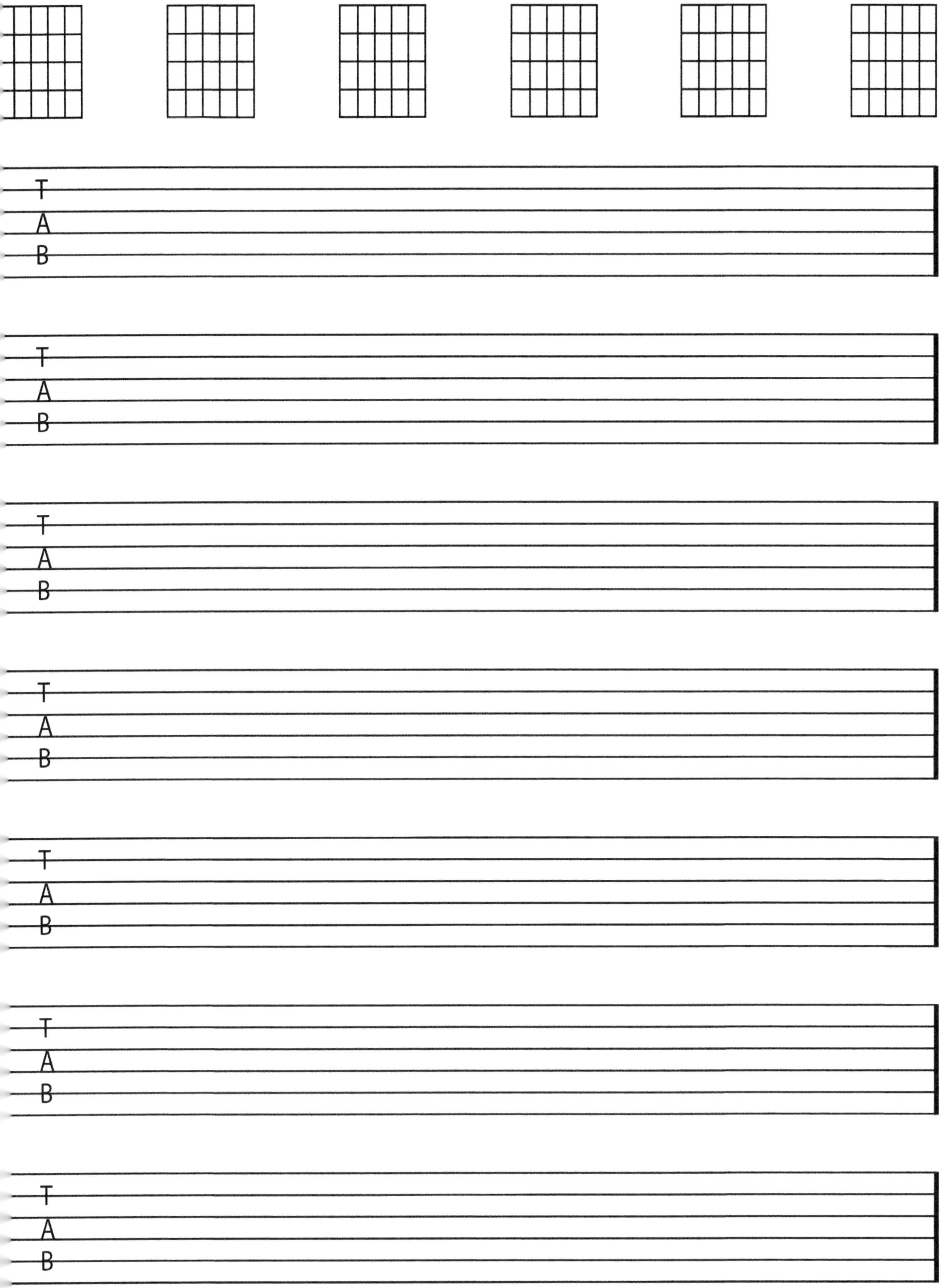

T
A
B

T
A
B

T
A
B

T
A
B

T
A
B

T
A
B

T
A
B

T
A
B

T
A
B

T
A
B

T
A
B

T
A
B

T
A
B

T
A
B

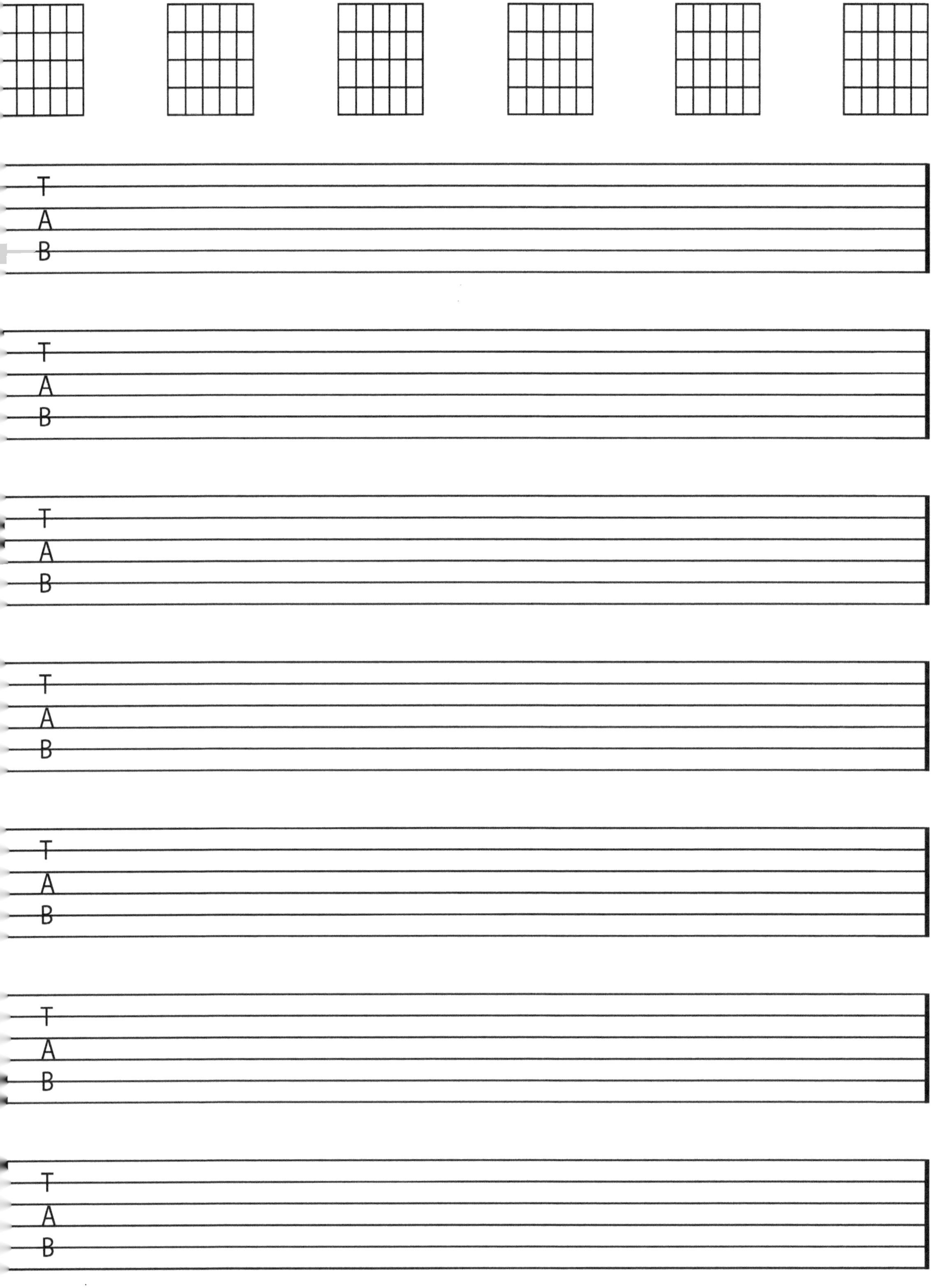

T
A
B

T
A
B

T
A
B

T
A
B

T
A
B

T
A
B

T
A
B

T
A
B

T
A
B

T
A
B

T
A
B

T
A
B

T
A
B

T
A
B

T
A
B

T
A
B

T
A
B

T
A
B

T
A
B

T
A
B

T
A
B

T
A
B

T
A
B

T
A
B

T
A
B

T
A
B

T
A
B

T
A
B

T
A
B

T
A
B

T
A
B

T
A
B

T
A
B

T
A
B

T
A
B

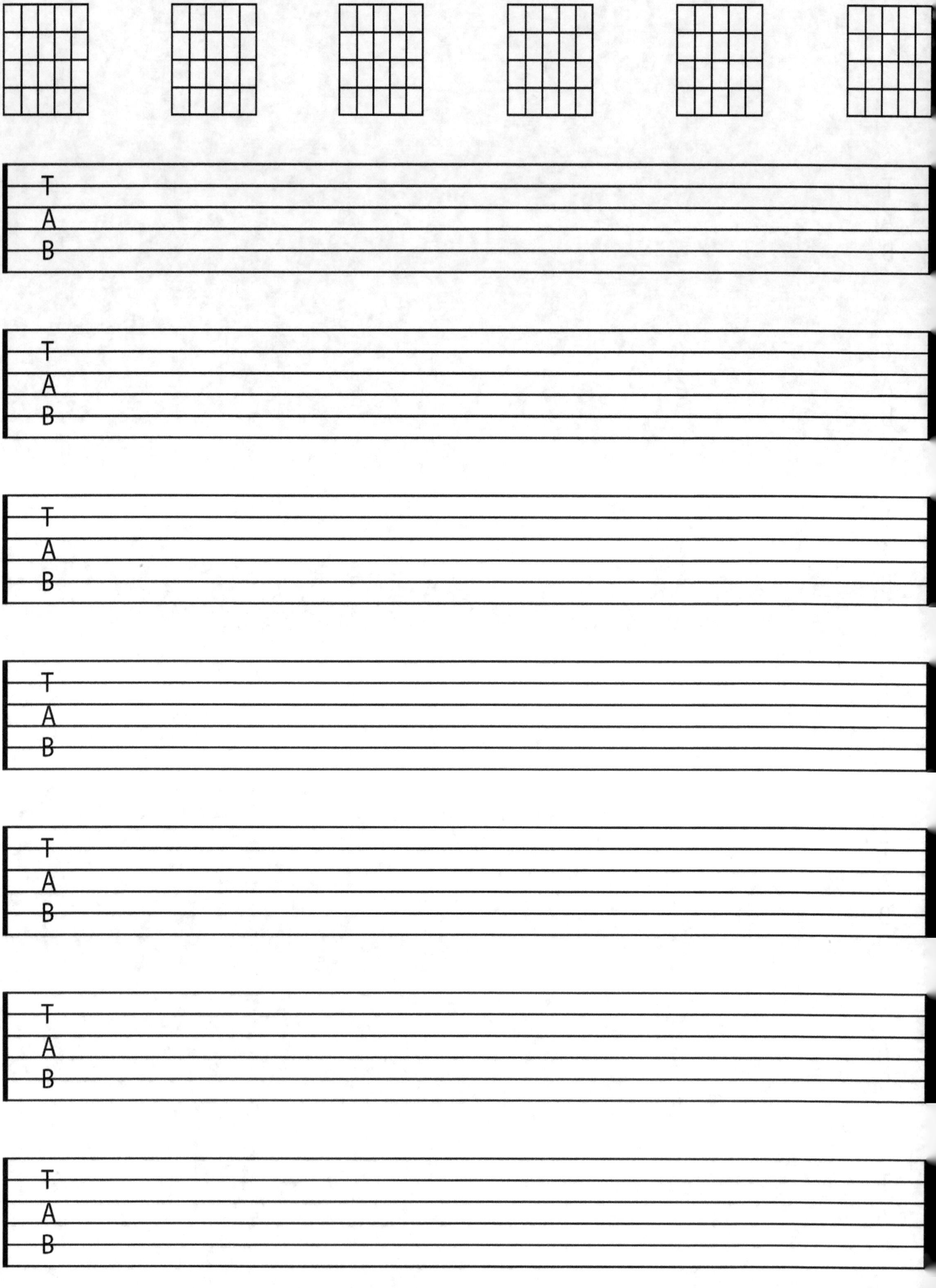

TAB

TAB

TAB

TAB

TAB

TAB

TAB

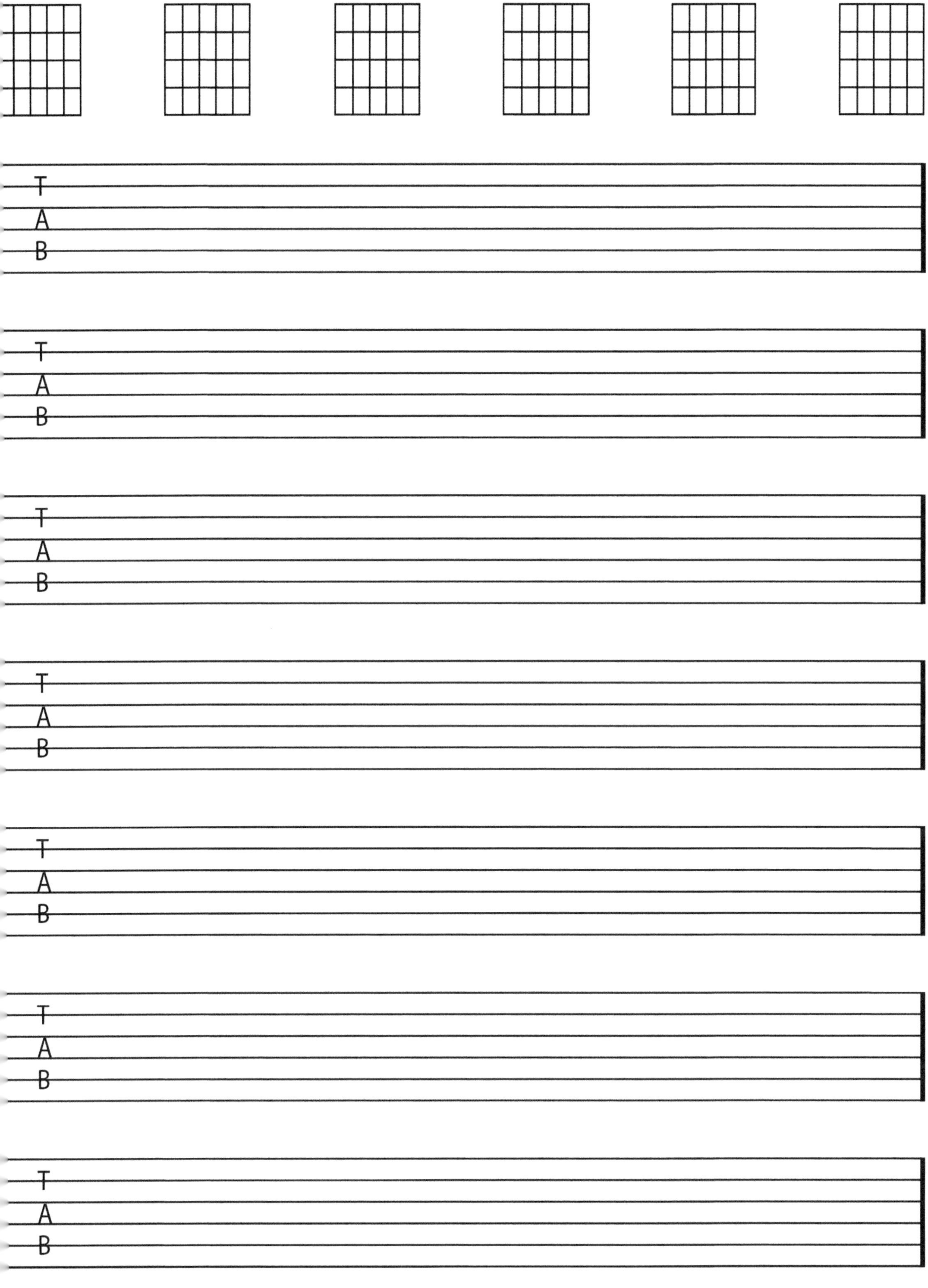

T
A
B

T
A
B

T
A
B

T
A
B

T
A
B

T
A
B

T
A
B

T
A
B

T
A
B

T
A
B

T
A
B

T
A
B

T
A
B

T
A
B

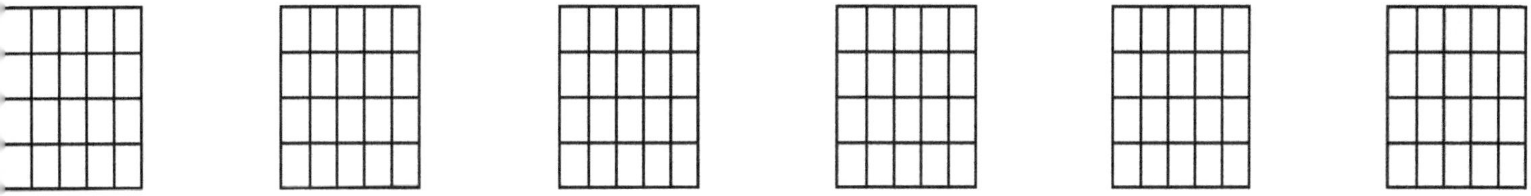

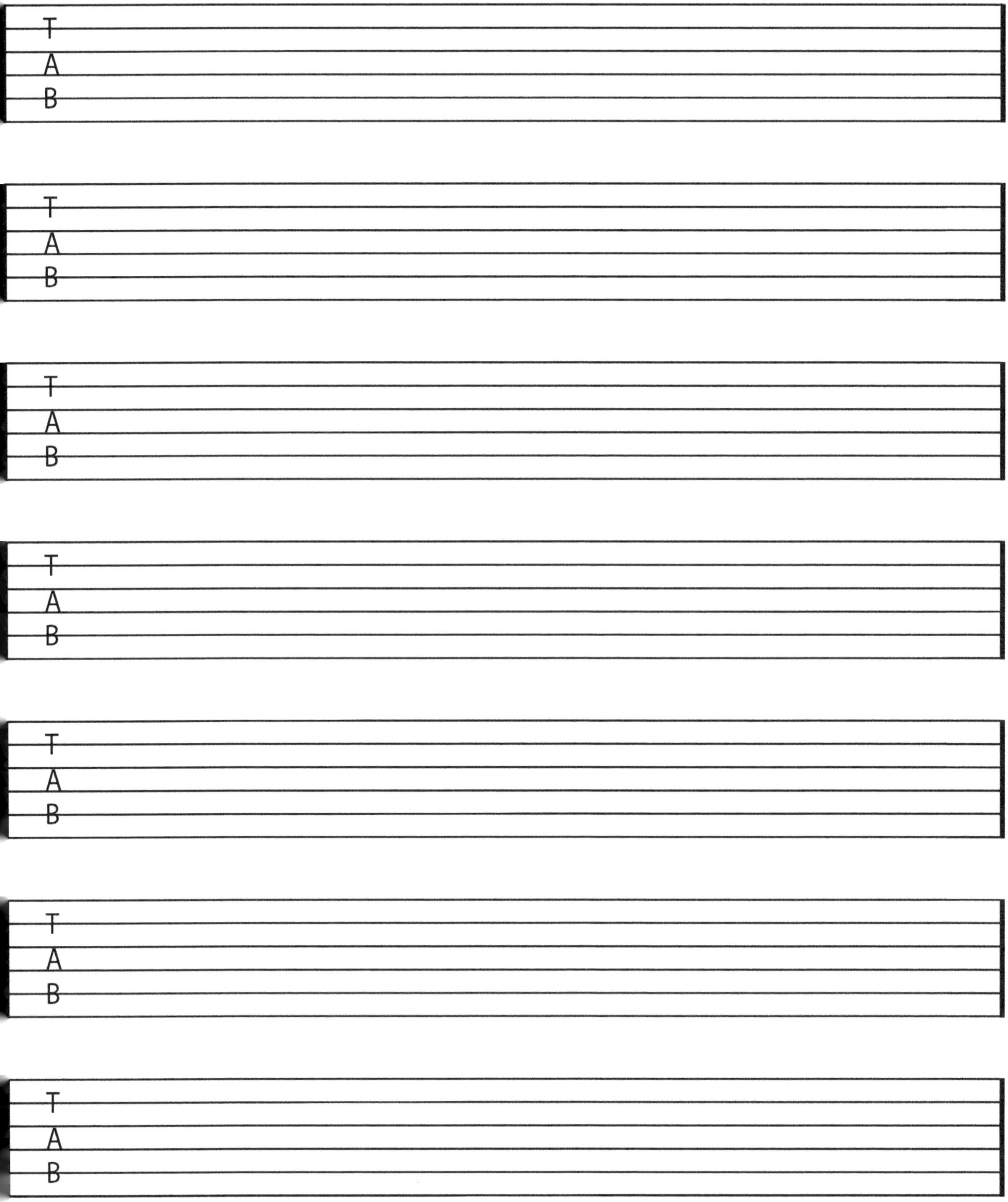

T
A
B

T
A
B

T
A
B

T
A
B

T
A
B

T
A
B

T
A
B

T
A
B

T
A
B

T
A
B

T
A
B

T
A
B

T
A
B

T
A
B

T
A
B

T
A
B

T
A
B

T
A
B

T
A
B

T
A
B

T
A
B

T
A
B

T
A
B

T
A
B

T
A
B

T
A
B

T
A
B

T
A
B

T
A
B

T
A
B

T
A
B

T
A
B

T
A
B

T
A
B

T
A
B

T
A
B

T
A
B

T
A
B

T
A
B

T
A
B

T
A
B

T
A
B

T
A
B

T
A
B

T
A
B

T
A
B

T
A
B

T
A
B

T
A
B

T
A
B

T
A
B

T
A
B

T
A
B

T
A
B

T
A
B

T
A
B

T
A
B

T
A
B

T
A
B

T
A
B

T
A
B

T
A
B

T
A
B

T
A
B

T
A
B

T
A
B

T
A
B

T
A
B

T
A
B

T
A
B

T
A
B

T
A
B

T
A
B

T
A
B

T
A
B

T
A
B

T
A
B

T
A
B

T
A
B

T
A
B

T
A
B

T
A
B

T
A
B

T
A
B

T
A
B

T
A
B

T
A
B

T
A
B

T
A
B

T
A
B

T
A
B

T
A
B

T
A
B

T
A
B

T
A
B

T
A
B

T
A
B

T
A
B

T
A
B

T
A
B

T
A
B

T
A
B

T
A
B

T
A
B

T
A
B

T
A
B

T
A
B

T
A
B

T
A
B

T
A
B

T
A
B

T
A
B

T
A
B

T
A
B

T
A
B

T
A
B

T
A
B

T
A
B

T
A
B

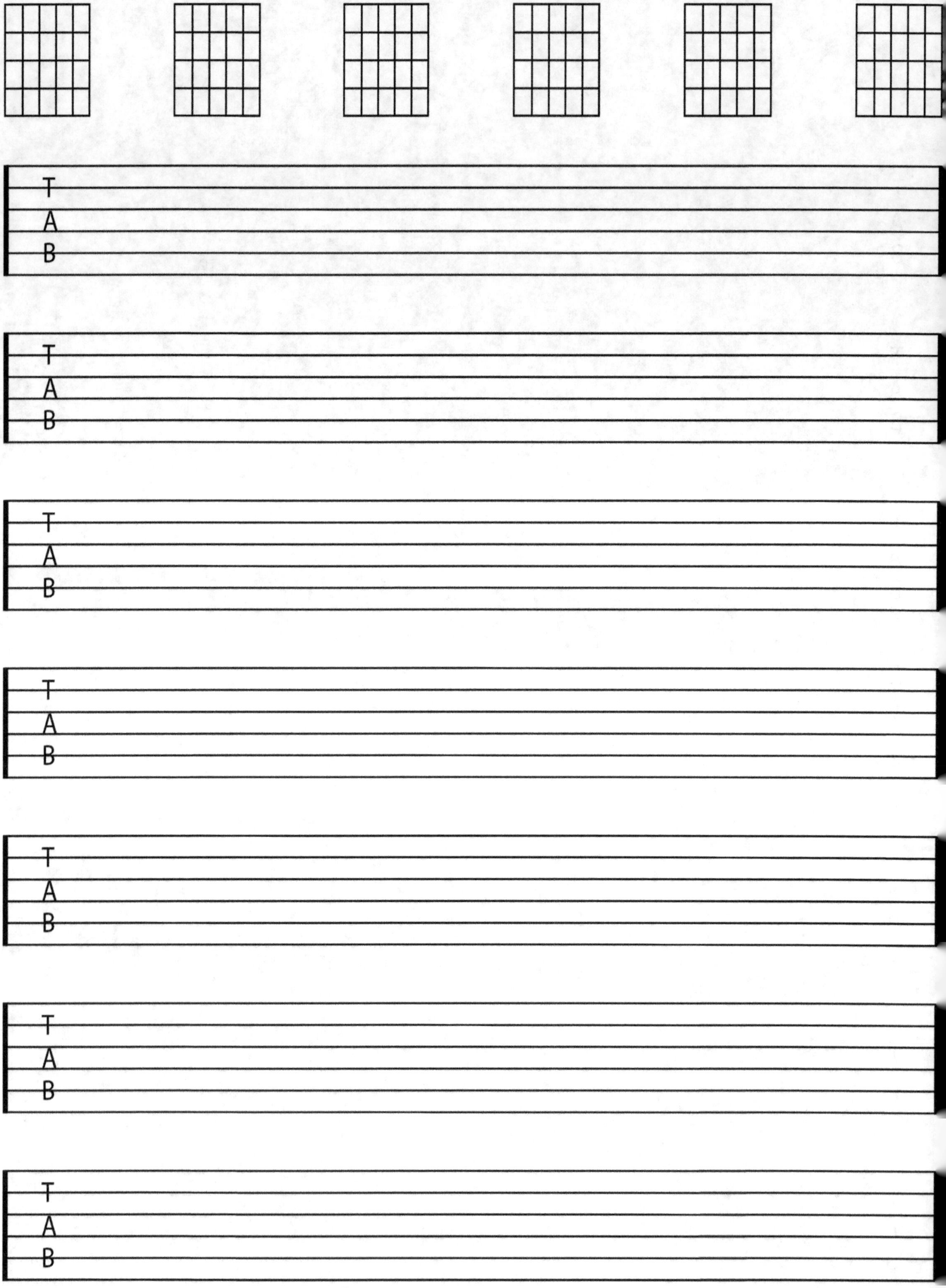

T
A
B

T
A
B

T
A
B

T
A
B

T
A
B

T
A
B

T
A
B

T
A
B

T
A
B

T
A
B

T
A
B

T
A
B

T
A
B

T
A
B

T
A
B

T
A
B

T
A
B

T
A
B

T
A
B

T
A
B

T
A
B

T
A
B

T
A
B

T
A
B

T
A
B

T
A
B

T
A
B

T
A
B

T
A
B

T
A
B

T
A
B

T
A
B

T
A
B

T
A
B

T
A
B

T
A
B

T
A
B

T
A
B

T
A
B

T
A
B

T
A
B

T
A
B

T
A
B

T
A
B

T
A
B

T
A
B

T
A
B

T
A
B

T
A
B

T
A
B

T
A
B

T
A
B

T
A
B

T
A
B

T
A
B

T
A
B

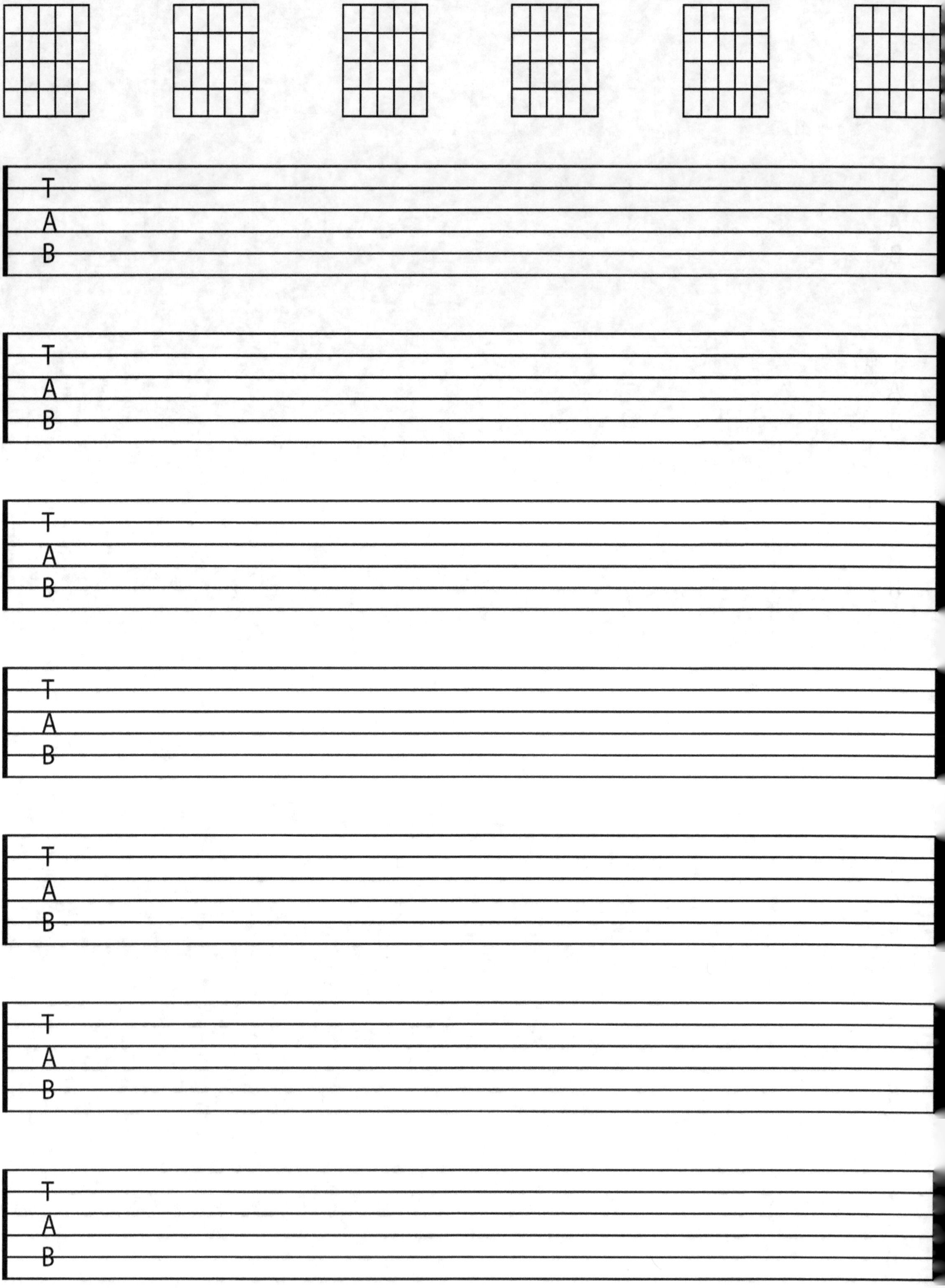

T
A
B

T
A
B

T
A
B

T
A
B

T
A
B

T
A
B

T
A
B

T
A
B

T
A
B

T
A
B

T
A
B

T
A
B

T
A
B

T
A
B

T
A
B

T
A
B

T
A
B

T
A
B

T
A
B

T
A
B

T
A
B

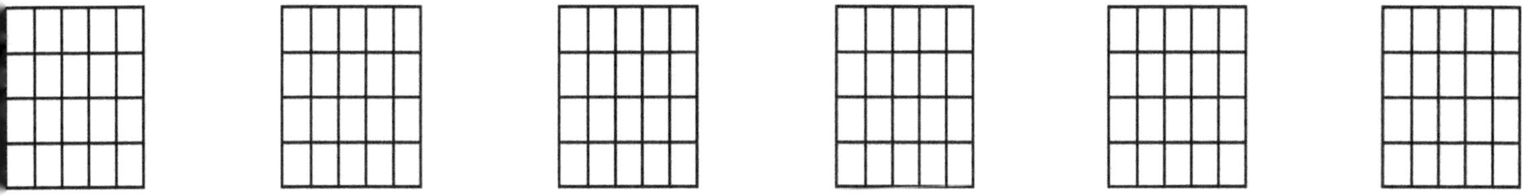

TAB

TAB

TAB

TAB

TAB

TAB

TAB

T
A
B

T
A
B

T
A
B

T
A
B

T
A
B

T
A
B

T
A
B

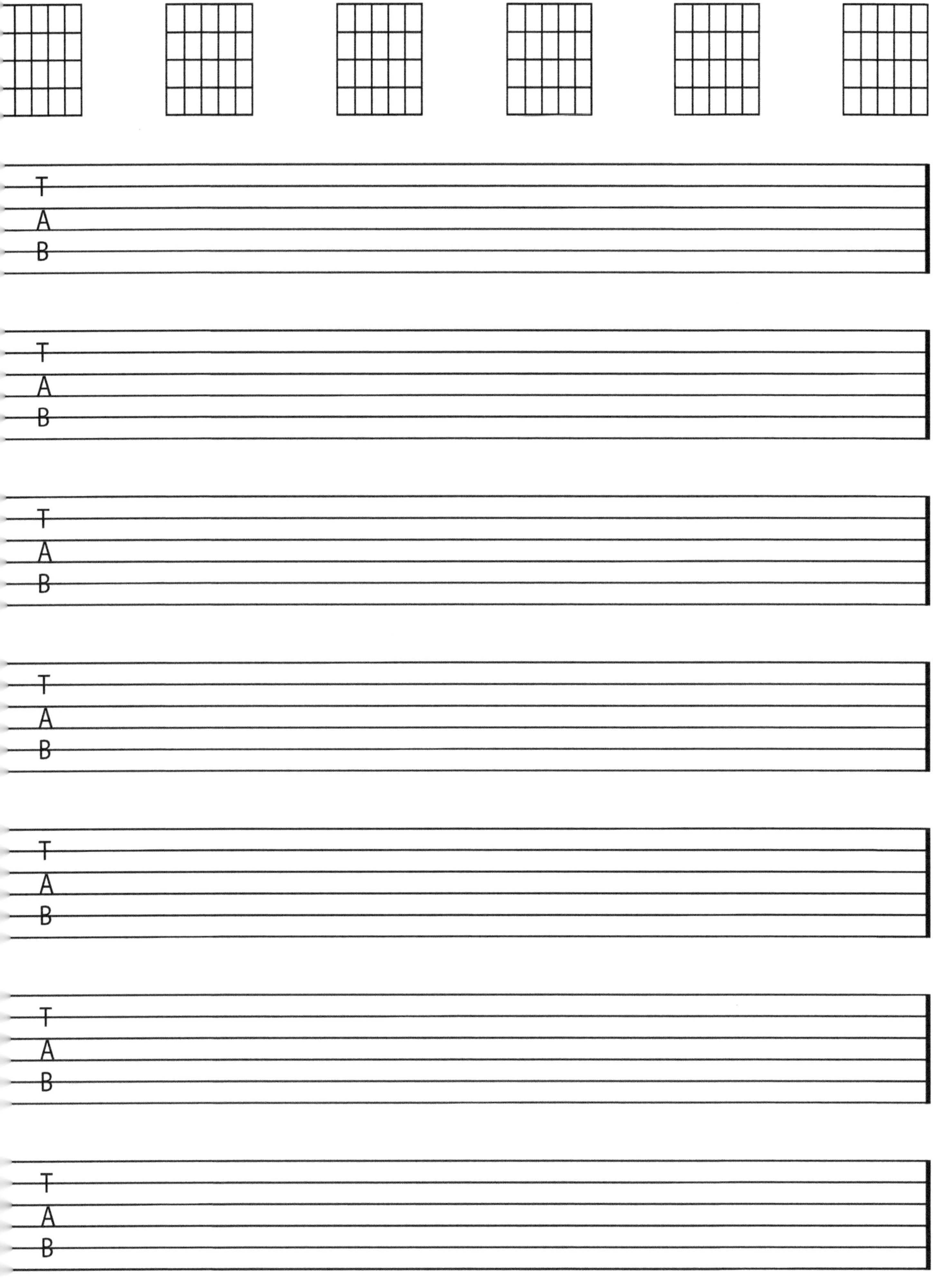

T
A
B

T
A
B

T
A
B

T
A
B

T
A
B

T
A
B

T
A
B

T
A
B

T
A
B

T
A
B

T
A
B

T
A
B

T
A
B

T
A
B

T
A
B

T
A
B

T
A
B

T
A
B

T
A
B

T
A
B

T
A
B

T
A
B

T
A
B

T
A
B

T
A
B

T
A
B

T
A
B

T
A
B

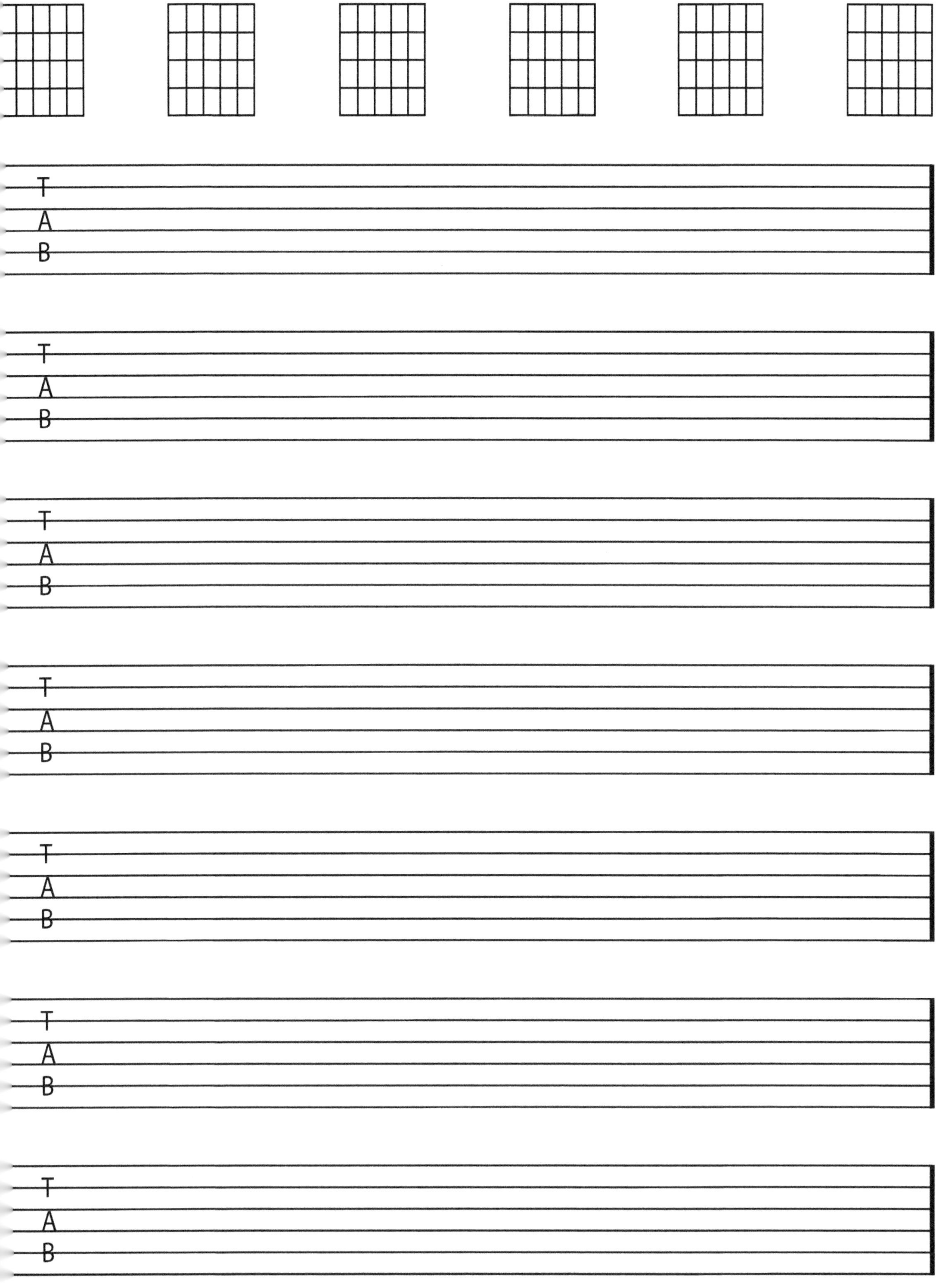

T
A
B

T
A
B

T
A
B

T
A
B

T
A
B

T
A
B

T
A
B

T
A
B

T
A
B

T
A
B

T
A
B

T
A
B

T
A
B

T
A
B

T
A
B

T
A
B

T
A
B

T
A
B

T
A
B

T
A
B

T
A
B

T
A
B

T
A
B

T
A
B

T
A
B

T
A
B

T
A
B

T
A
B

T
A
B

T
A
B

T
A
B

T
A
B

T
A
B

T
A
B

T
A
B

T
A
B

T
A
B

T
A
B

T
A
B

T
A
B

T
A
B

T
A
B

T
A
B

T
A
B

T
A
B

T
A
B

T
A
B

T
A
B

T
A
B

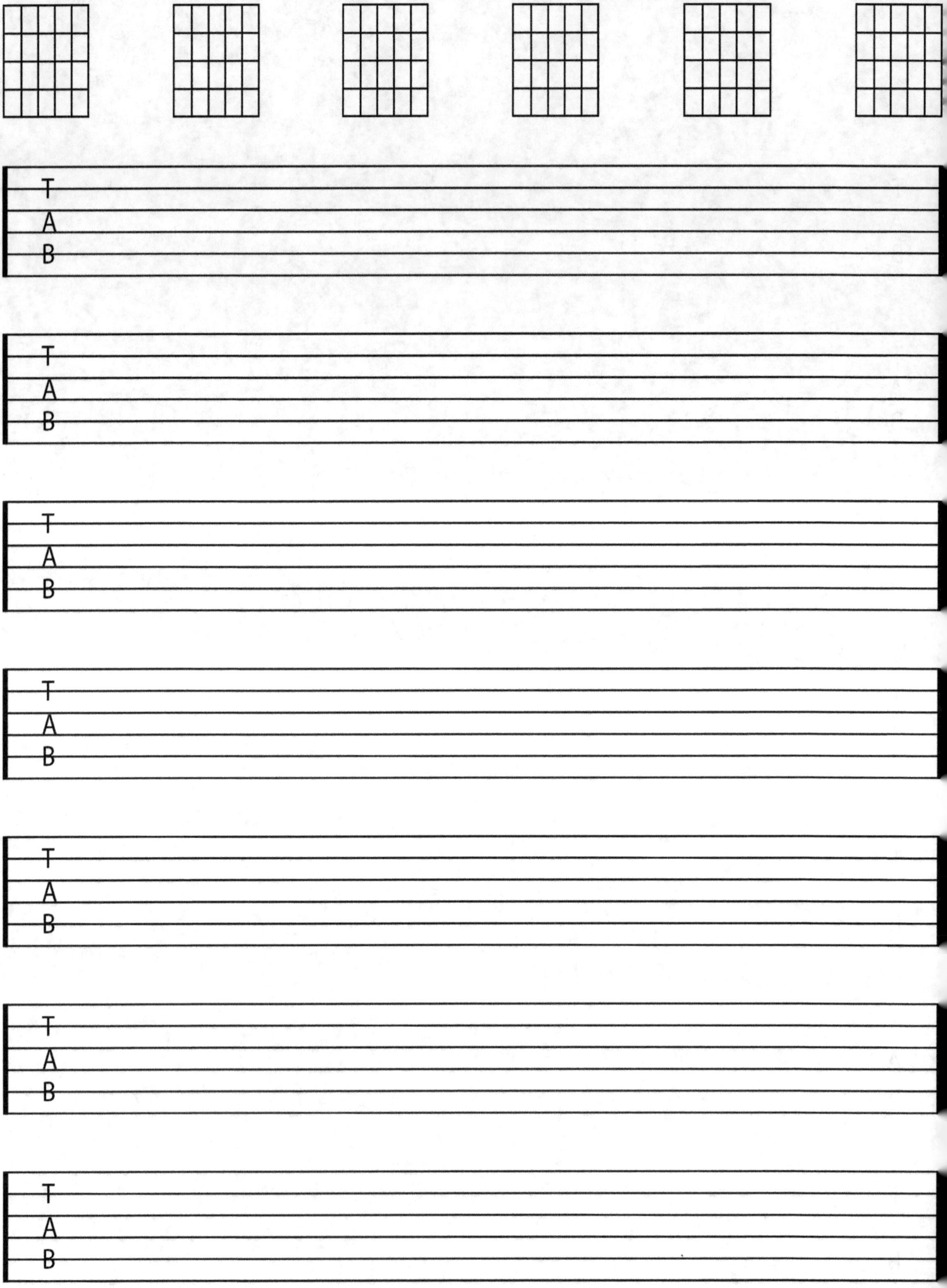

T
A
B

T
A
B

T
A
B

T
A
B

T
A
B

T
A
B

T
A
B

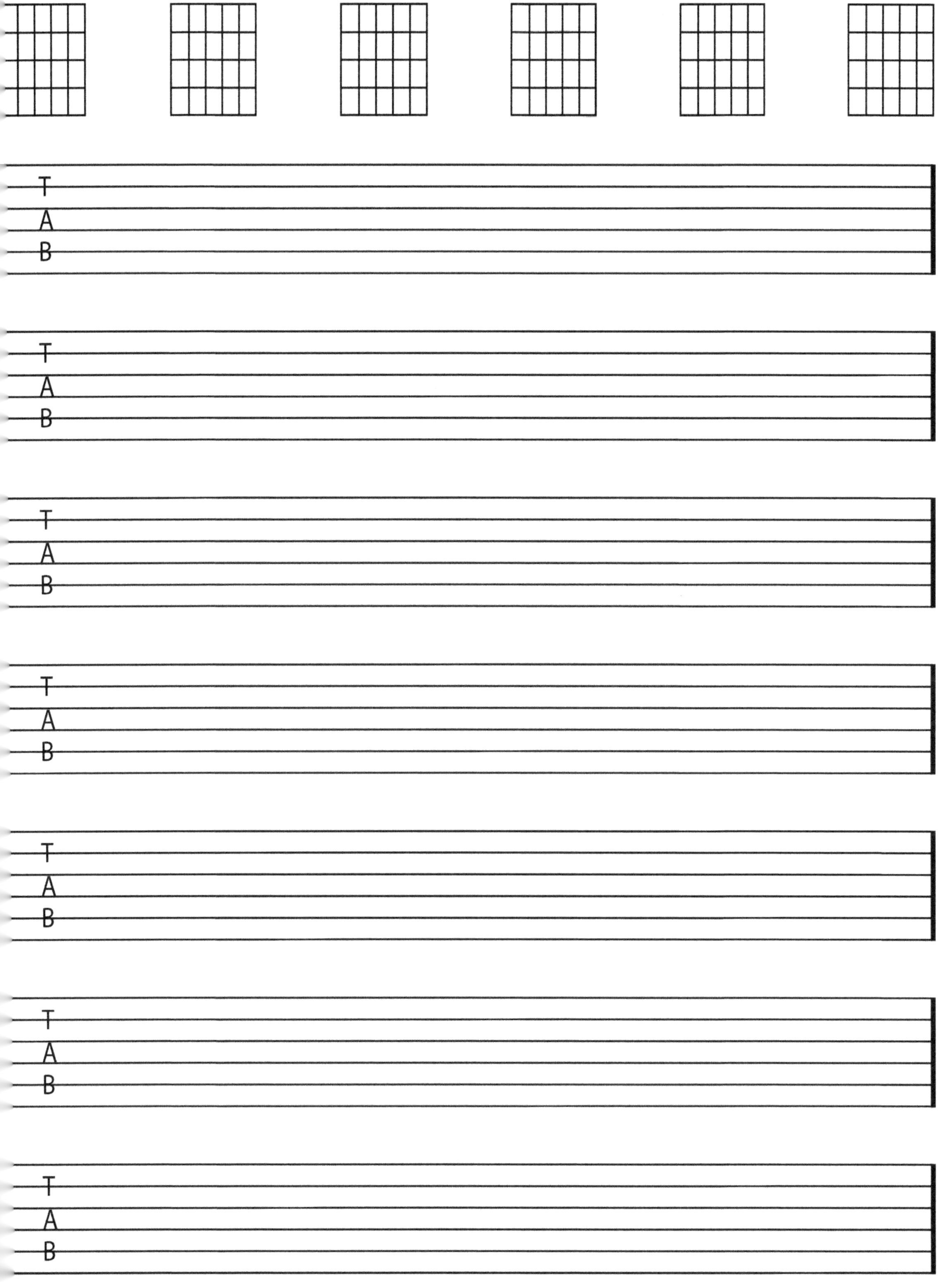

T
A
B

T
A
B

T
A
B

T
A
B

T
A
B

T
A
B

T
A
B

T
A
B

T
A
B

T
A
B

T
A
B

T
A
B

T
A
B

T
A
B

T
A
B

T
A
B

T
A
B

T
A
B

T
A
B

T
A
B

T
A
B

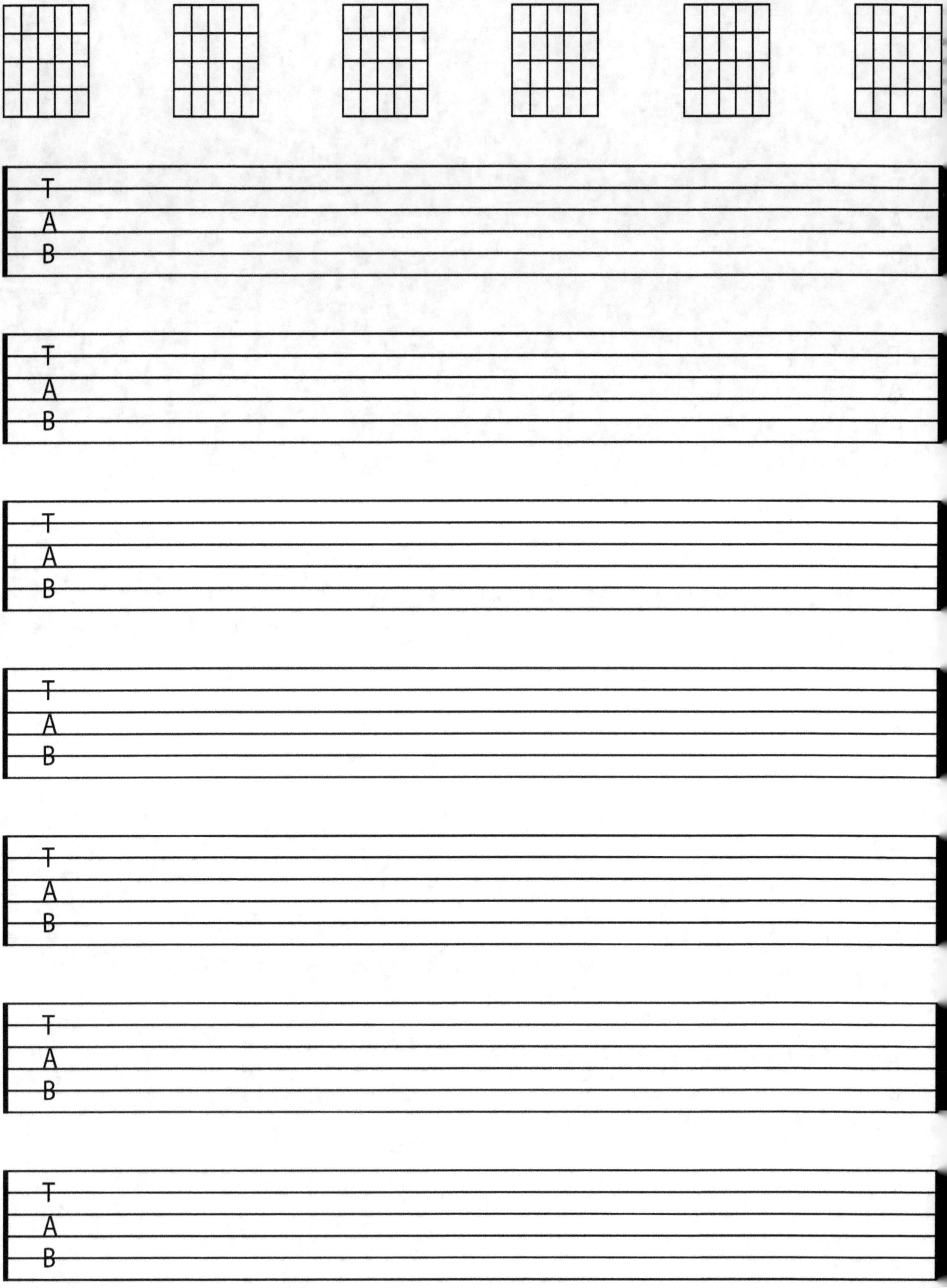

T
A
B

T
A
B

T
A
B

T
A
B

T
A
B

T
A
B

T
A
B

T
A
B

T
A
B

T
A
B

T
A
B

T
A
B

T
A
B

T
A
B

T
A
B

T
A
B

T
A
B

T
A
B

T
A
B

T
A
B

T
A
B

T
A
B

T
A
B

T
A
B

T
A
B

T
A
B

T
A
B

T
A
B

T
A
B

T
A
B

T
A
B

T
A
B

T
A
B

T
A
B

T
A
B

T
A
B

T
A
B

T
A
B

T
A
B

T
A
B

T
A
B

T
A
B

T
A
B

T
A
B

T
A
B

T
A
B

T
A
B

T
A
B

T
A
B

T
A
B

T
A
B

T
A
B

T
A
B

T
A
B

T
A
B

T
A
B

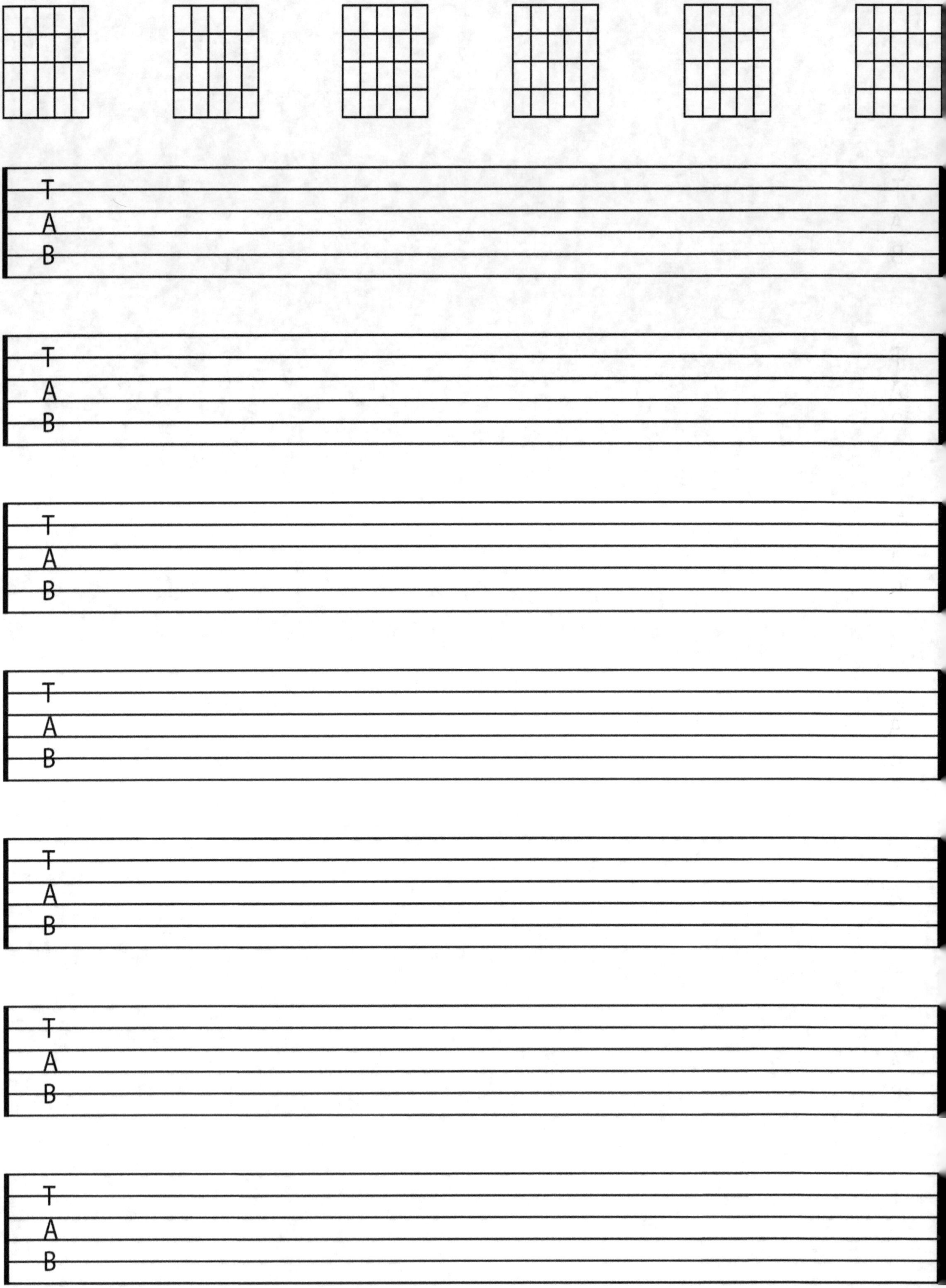

T
A
B

T
A
B

T
A
B

T
A
B

T
A
B

T
A
B

T
A
B

T
A
B

T
A
B

T
A
B

T
A
B

T
A
B

T
A
B

T
A
B

T
A
B

T
A
B

T
A
B

T
A
B

T
A
B

T
A
B

T
A
B

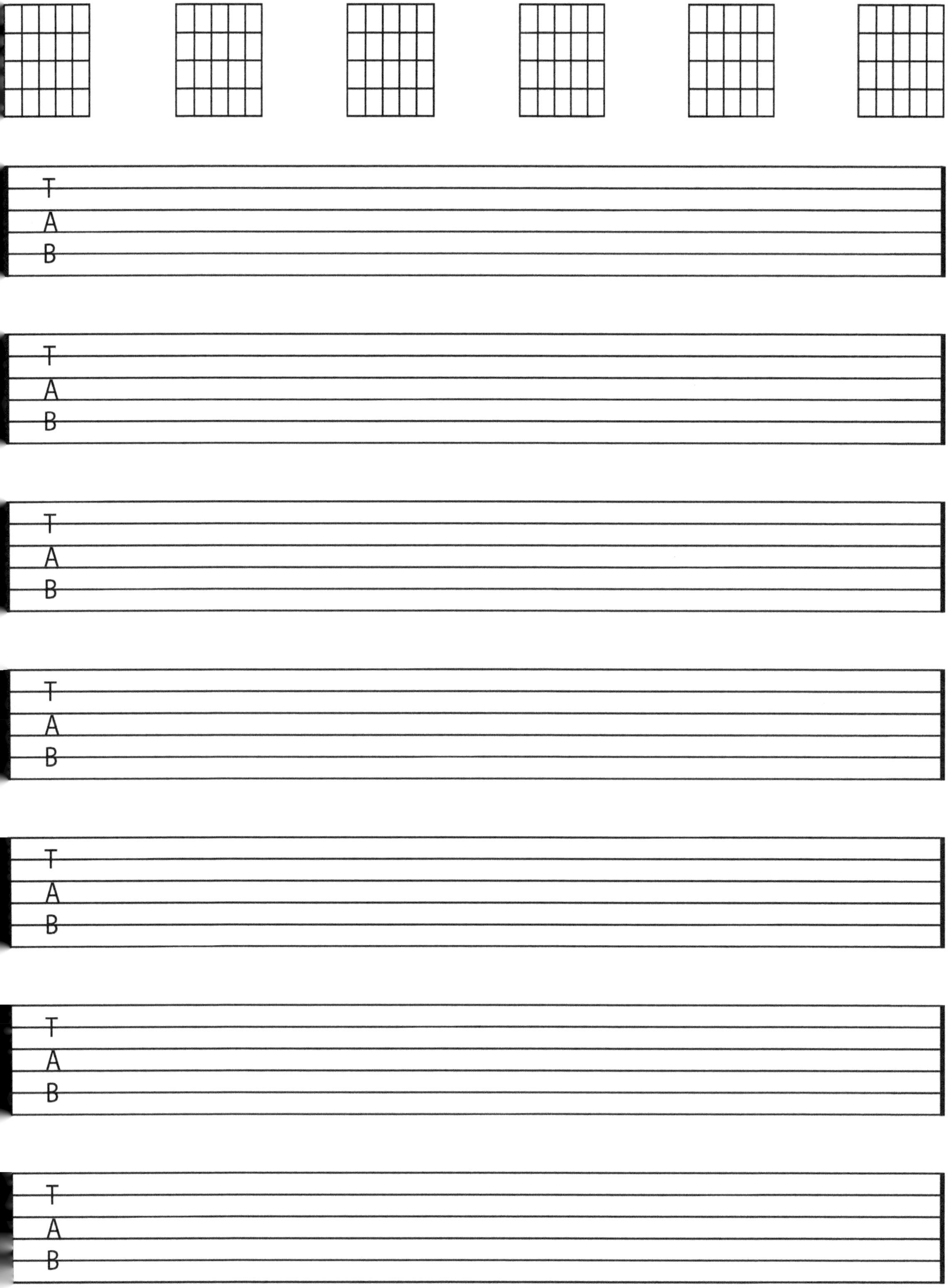

T
A
B

T
A
B

T
A
B

T
A
B

T
A
B

T
A
B

T
A
B

T
A
B

T
A
B

T
A
B

T
A
B

T
A
B

T
A
B

T
A
B

TAB

TAB

TAB

TAB

TAB

TAB

TAB

T
A
B

T
A
B

T
A
B

T
A
B

T
A
B

T
A
B

T
A
B

T
A
B

T
A
B

T
A
B

T
A
B

T
A
B

T
A
B

T
A
B

T
A
B

T
A
B

T
A
B

T
A
B

T
A
B

T
A
B

T
A
B

T
A
B

T
A
B

T
A
B

T
A
B

T
A
B

T
A
B

T
A
B

T
A
B

T
A
B

T
A
B

T
A
B

T
A
B

T
A
B

T
A
B

T
A
B

T
A
B

T
A
B

T
A
B

T
A
B

T
A
B

T
A
B

T
A
B

T
A
B

T
A
B

T
A
B

T
A
B

T
A
B

T
A
B

T
A
B

T
A
B

T
A
B

T
A
B

T
A
B

T
A
B

T
A
B

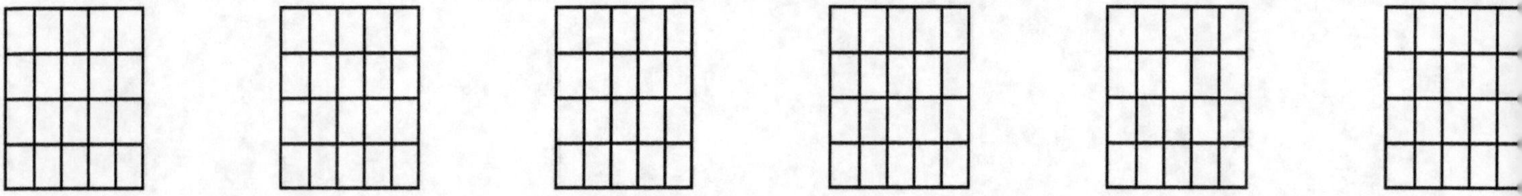

T
A
B

T
A
B

T
A
B

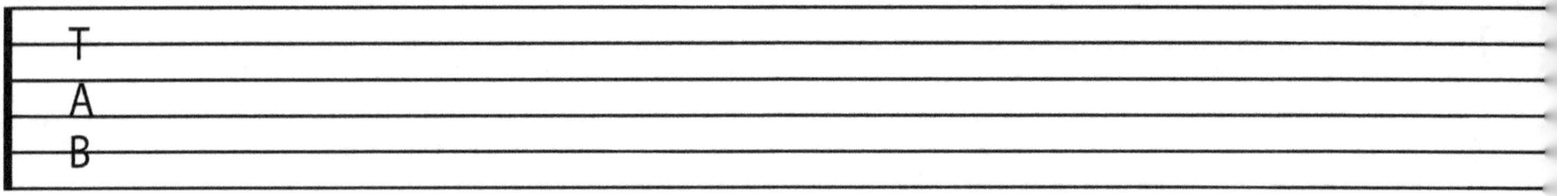

T
A
B

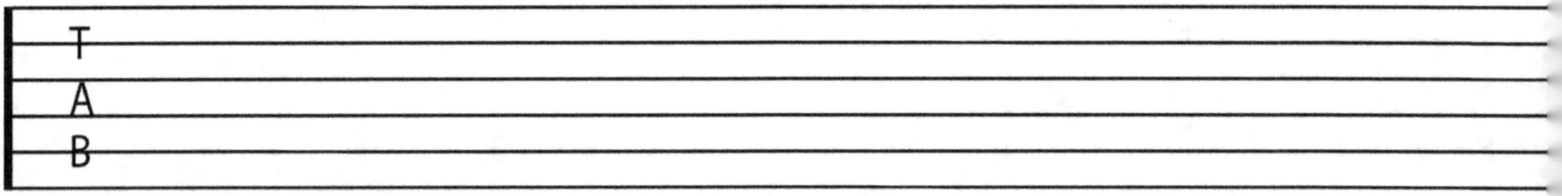

T
A
B

T
A
B

T
A
B

T
A
B

T
A
B

T
A
B

T
A
B

T
A
B

T
A
B

T
A
B

T
A
B

T
A
B

T
A
B

T
A
B

T
A
B

T
A
B

T
A
B

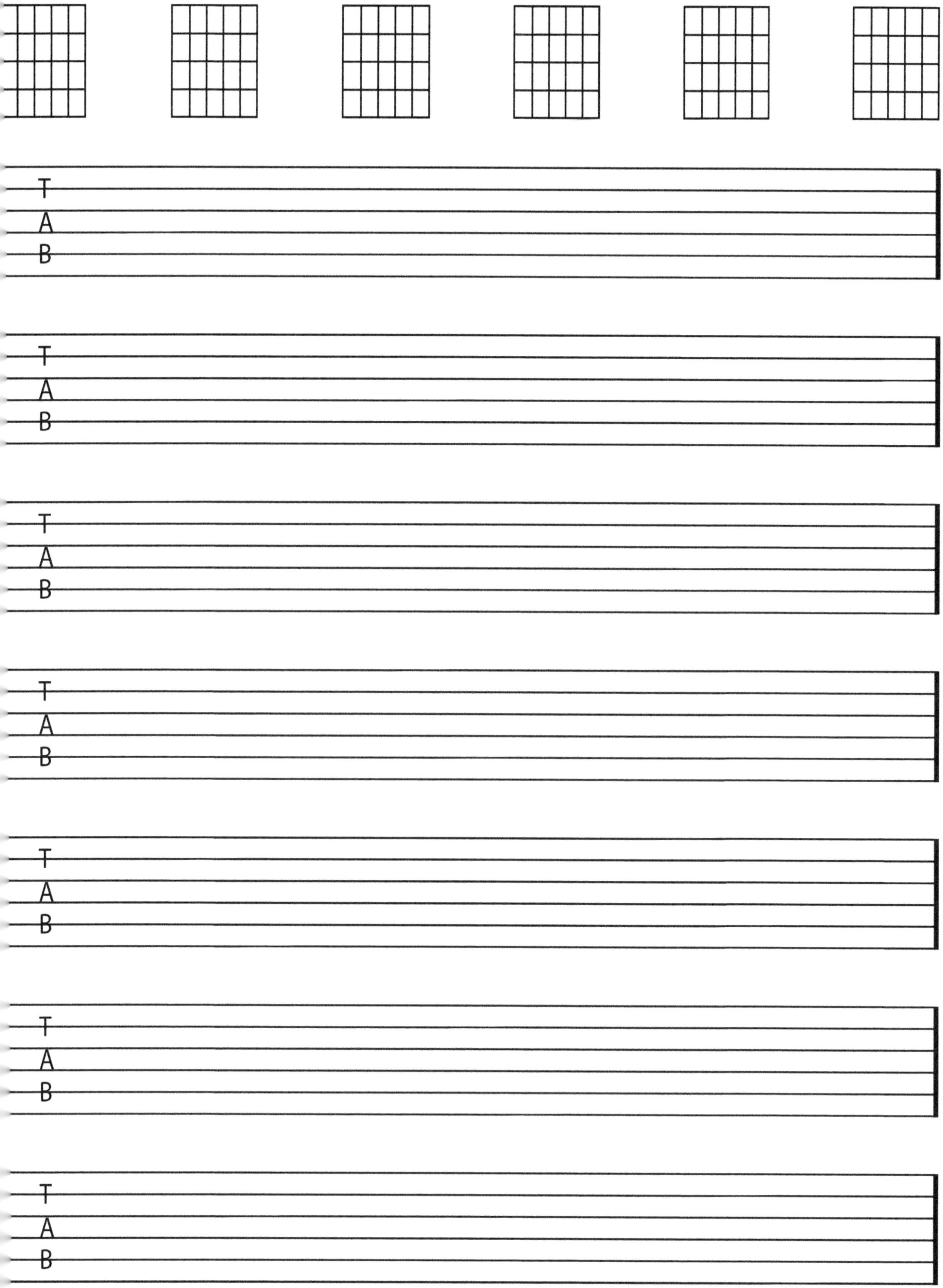

T
A
B

T
A
B

T
A
B

T
A
B

T
A
B

T
A
B

T
A
B

T
A
B

T
A
B

T
A
B

T
A
B

T
A
B

T
A
B

T
A
B

T
A
B

T
A
B

T
A
B

T
A
B

T
A
B

T
A
B

T
A
B

T
A
B

T
A
B

T
A
B

T
A
B

T
A
B

T
A
B

T
A
B

T
A
B

T
A
B

T
A
B

T
A
B

T
A
B

T
A
B

T
A
B

T
A
B

T
A
B

T
A
B

T
A
B

T
A
B

T
A
B

T
A
B

T
A
B

T
A
B

T
A
B

T
A
B

T
A
B

T
A
B

T
A
B

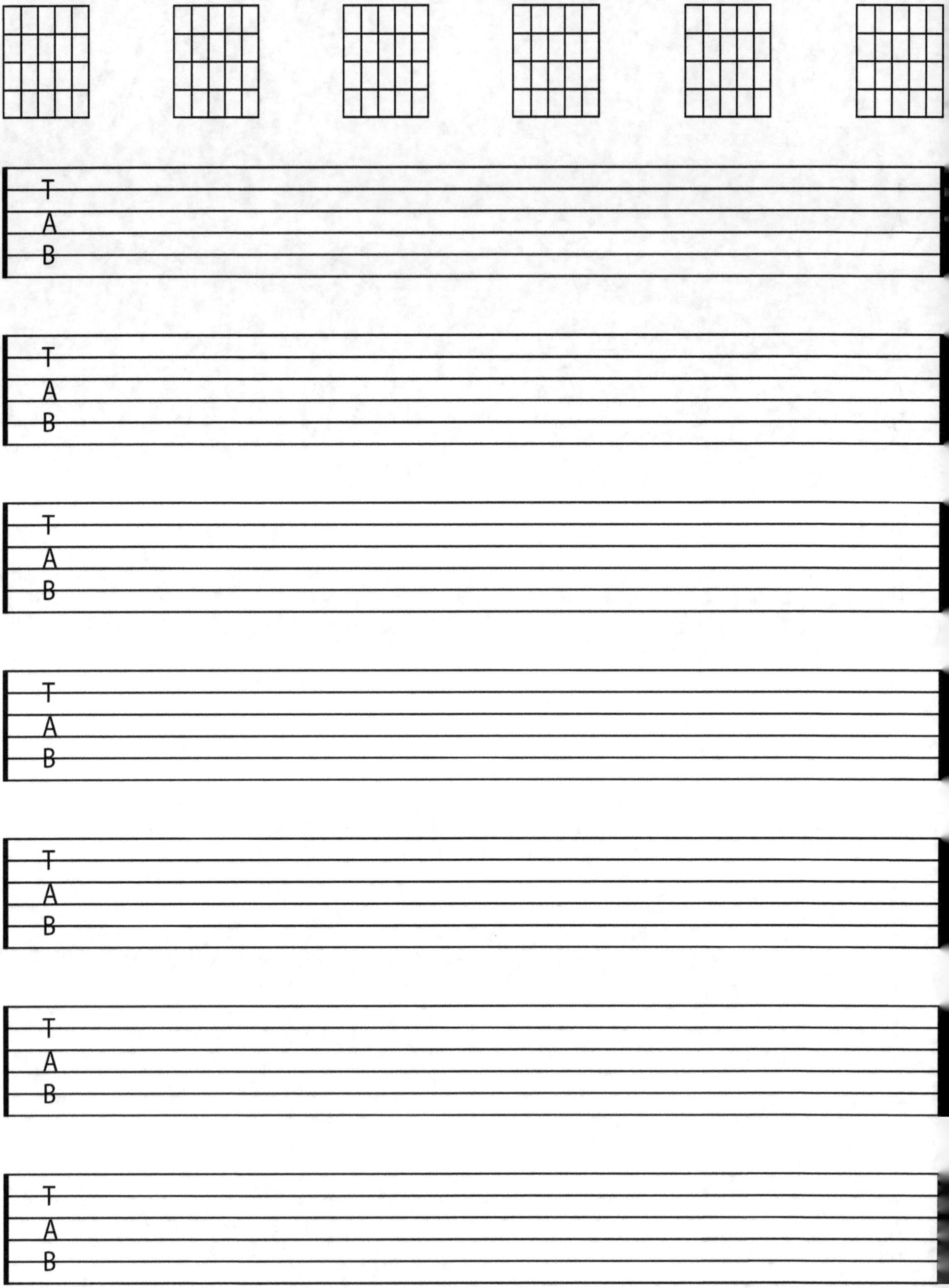

T
A
B

T
A
B

T
A
B

T
A
B

T
A
B

T
A
B

T
A
B

T
A
B

T
A
B

T
A
B

T
A
B

T
A
B

T
A
B

T
A
B

T
A
B

T
A
B

T
A
B

T
A
B

T
A
B

T
A
B

T
A
B

T
A
B

T
A
B

T
A
B

T
A
B

T
A
B

T
A
B

T
A
B

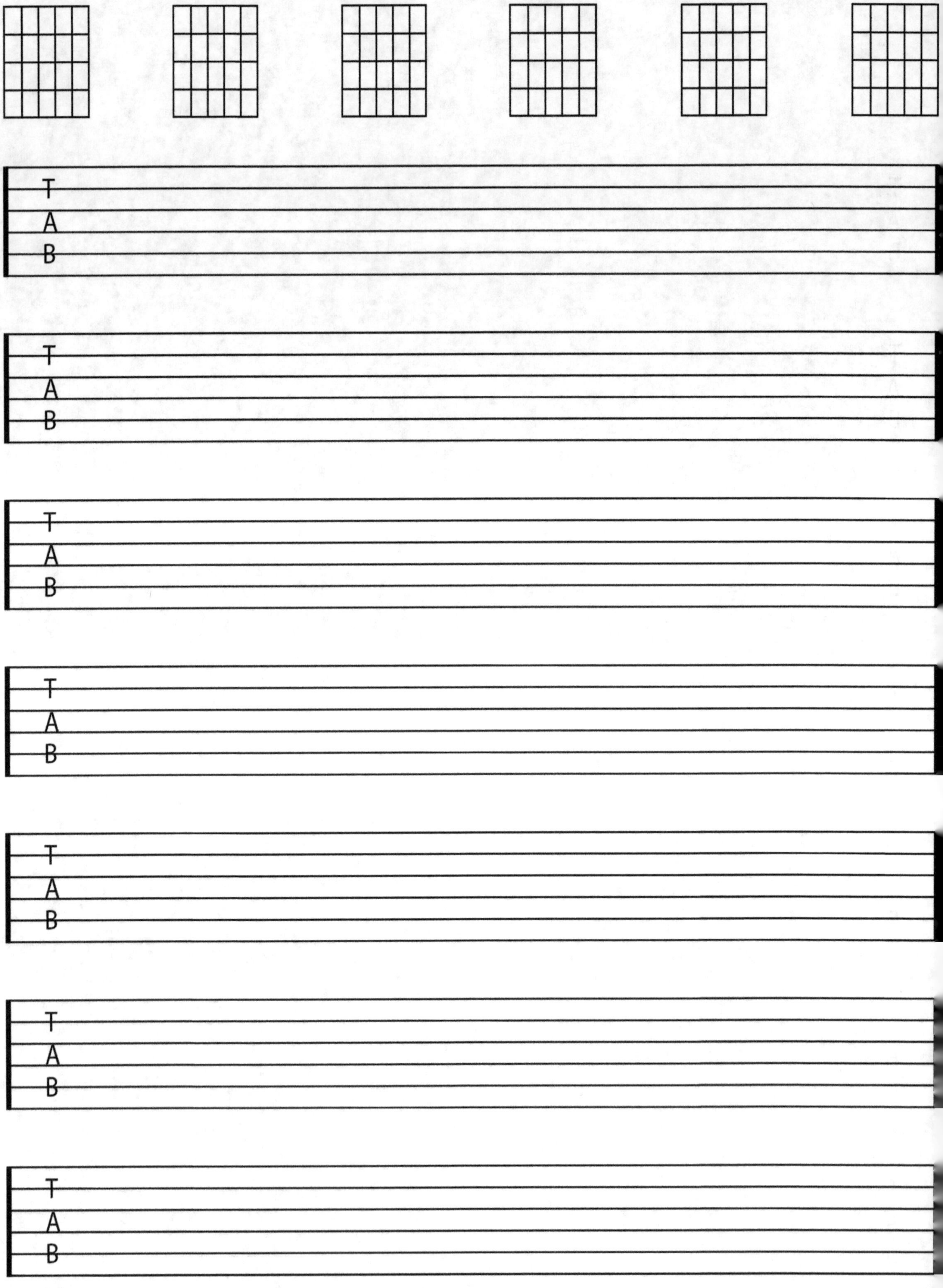

T
A
B

T
A
B

T
A
B

T
A
B

T
A
B

T
A
B

T
A
B

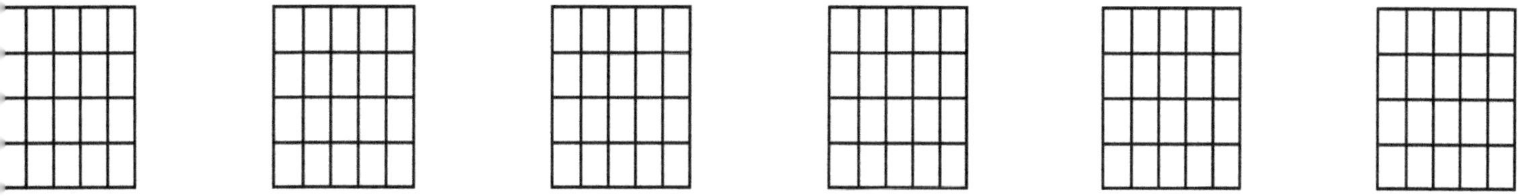

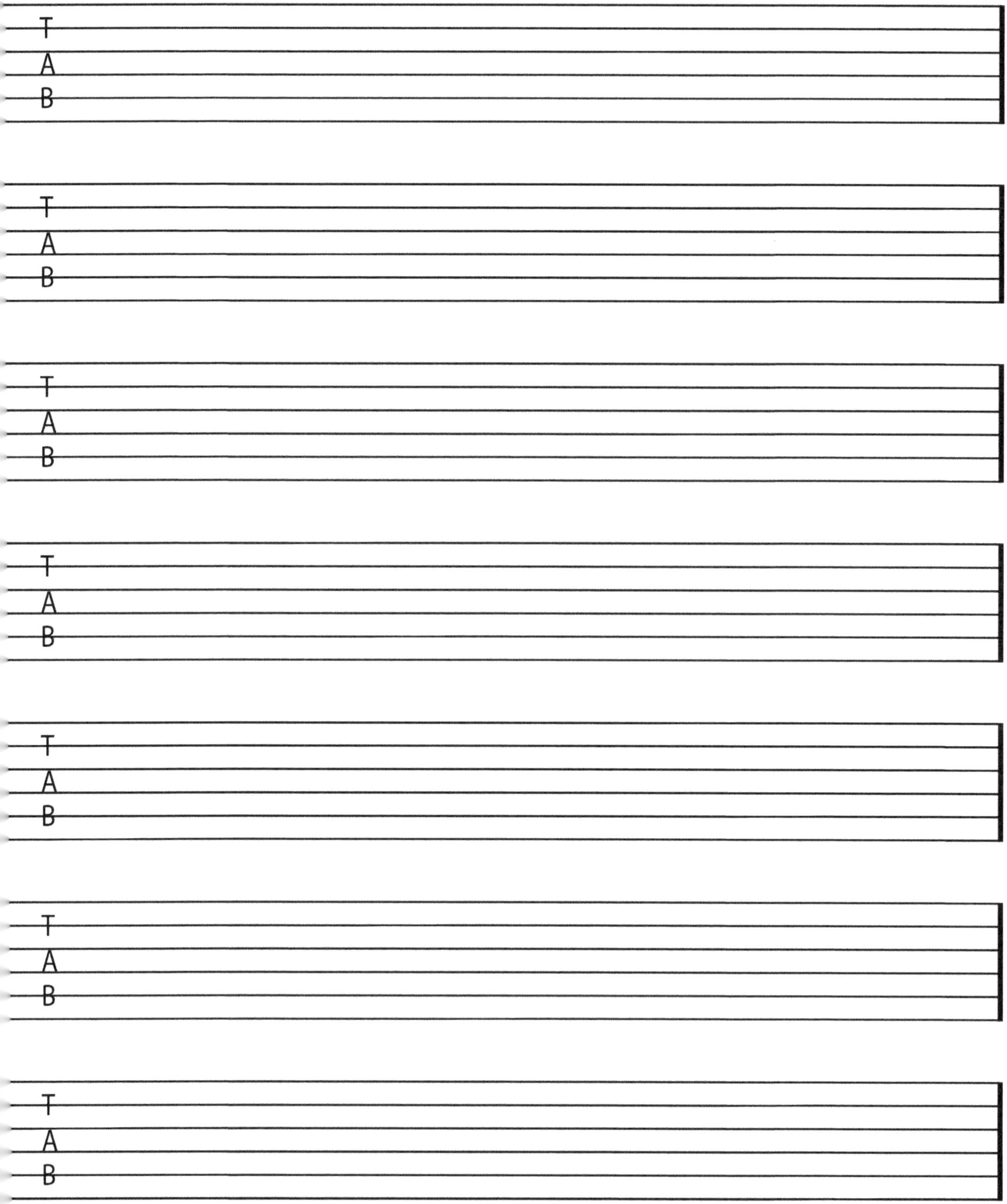

T
A
B

T
A
B

T
A
B

T
A
B

T
A
B

T
A
B

T
A
B

T
A
B

T
A
B

T
A
B

T
A
B

T
A
B

T
A
B

T
A
B

T
A
B

T
A
B

T
A
B

T
A
B

T
A
B

T
A
B

T
A
B

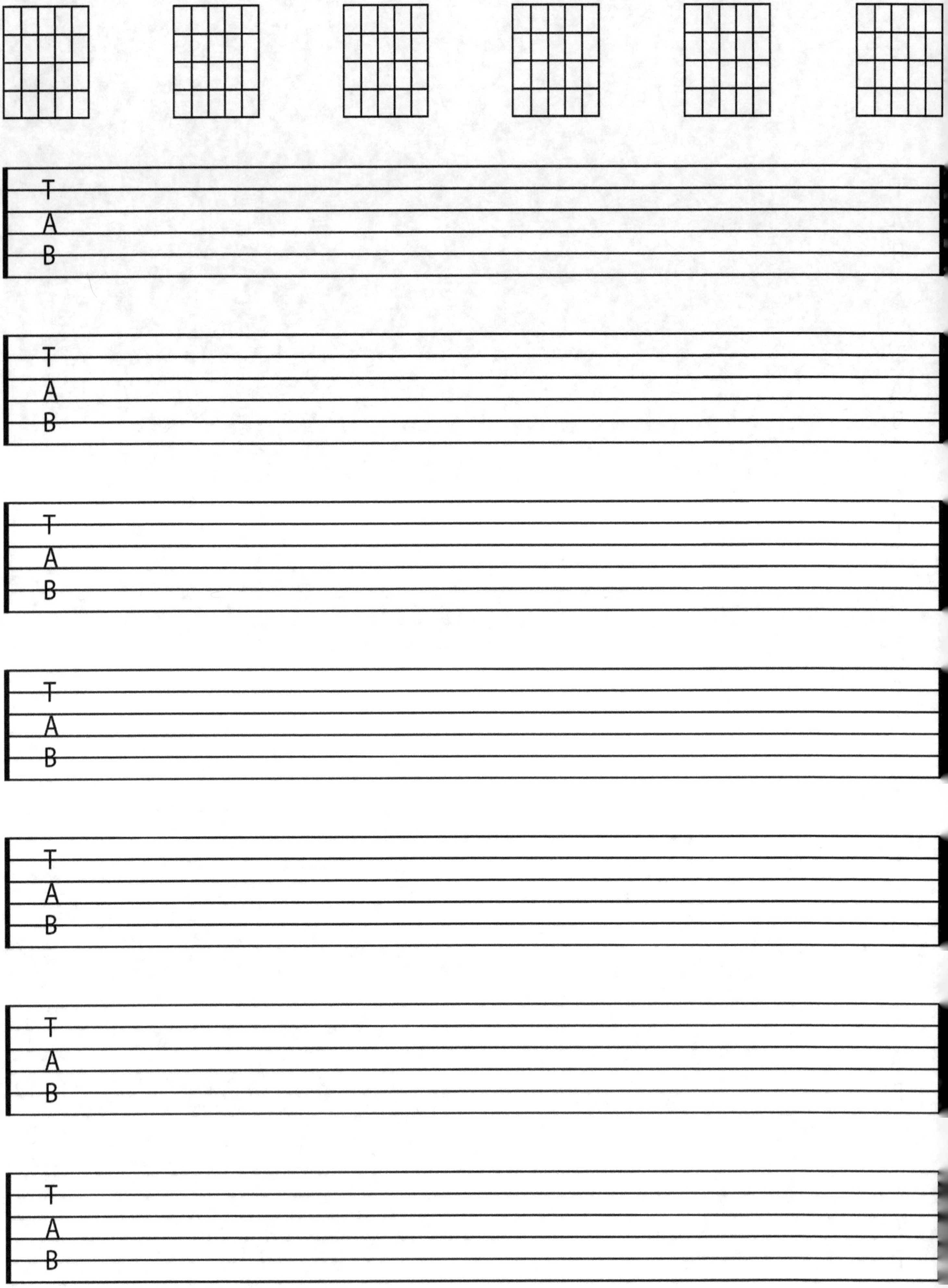

T
A
B

T
A
B

T
A
B

T
A
B

T
A
B

T
A
B

T
A
B

T
A
B

T
A
B

T
A
B

T
A
B

T
A
B

T
A
B

T
A
B

T
A
B

T
A
B

T
A
B

T
A
B

T
A
B

T
A
B

T
A
B

T
A
B

T
A
B

T
A
B

T
A
B

T
A
B

T
A
B

T
A
B

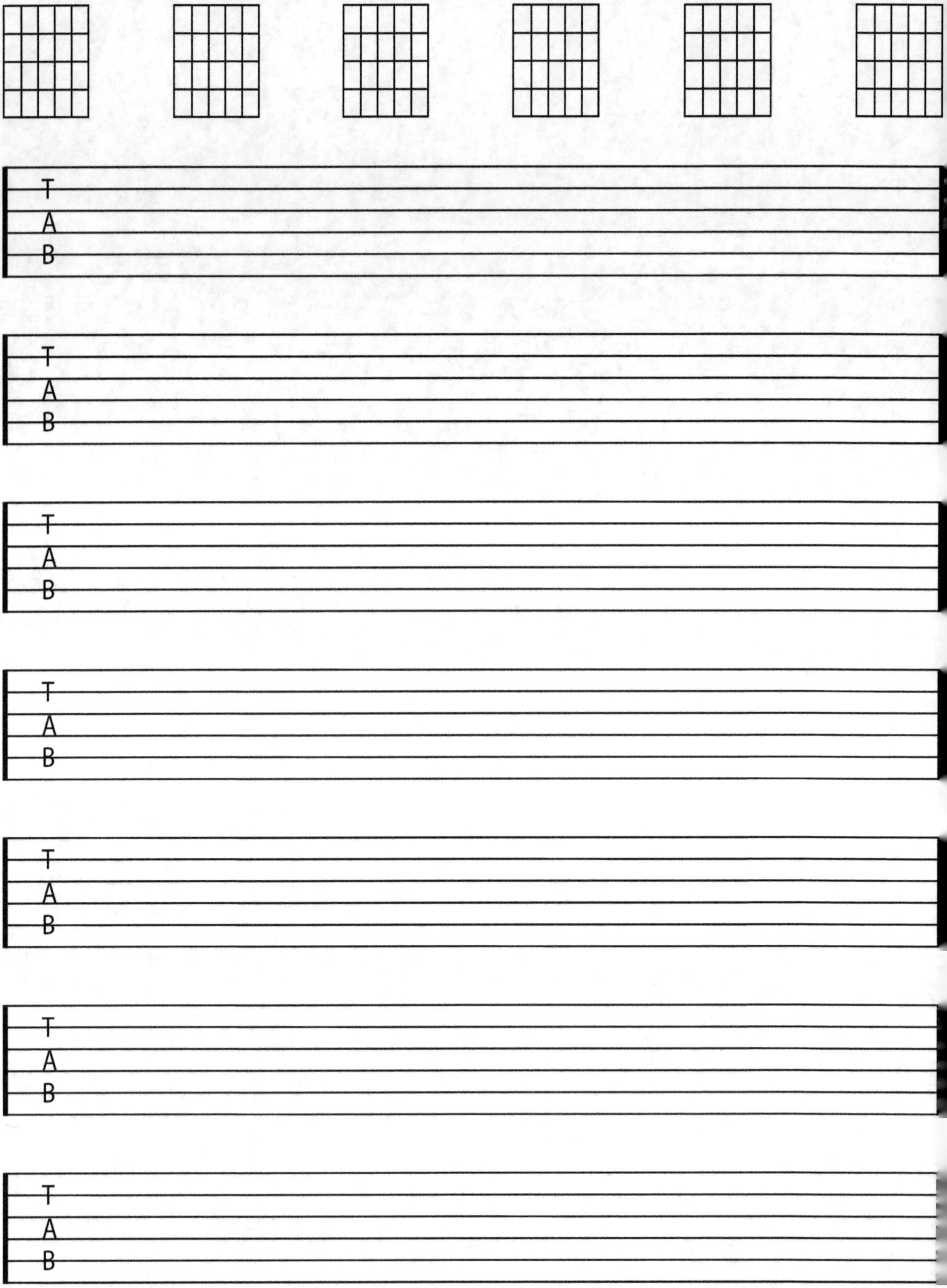

T
A
B

T
A
B

T
A
B

T
A
B

T
A
B

T
A
B

T
A
B

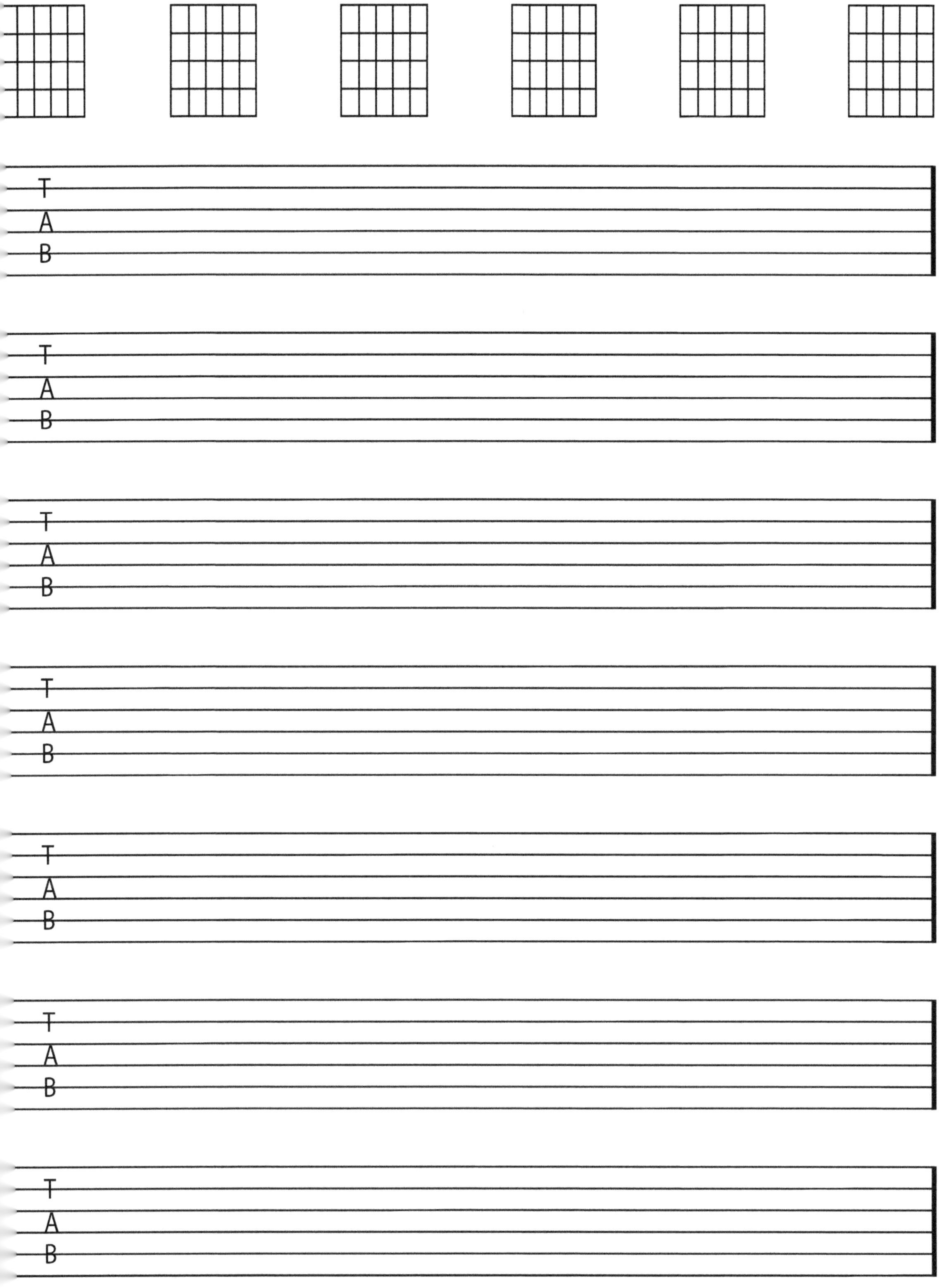

T
A
B

T
A
B

T
A
B

T
A
B

T
A
B

T
A
B

T
A
B

T
A
B

T
A
B

T
A
B

T
A
B

T
A
B

T
A
B

T
A
B

T
A
B

T
A
B

T
A
B

T
A
B

T
A
B

T
A
B

T
A
B

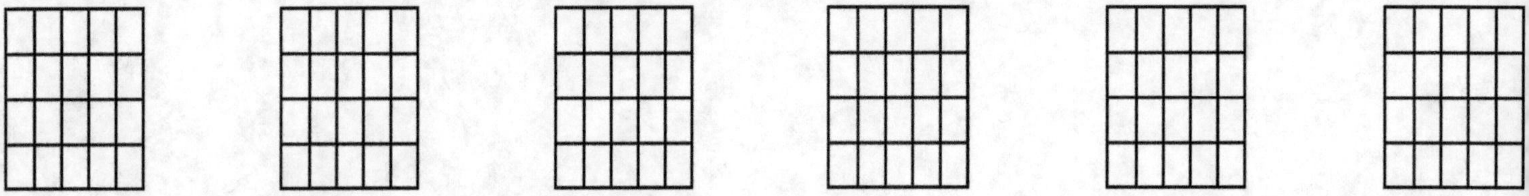

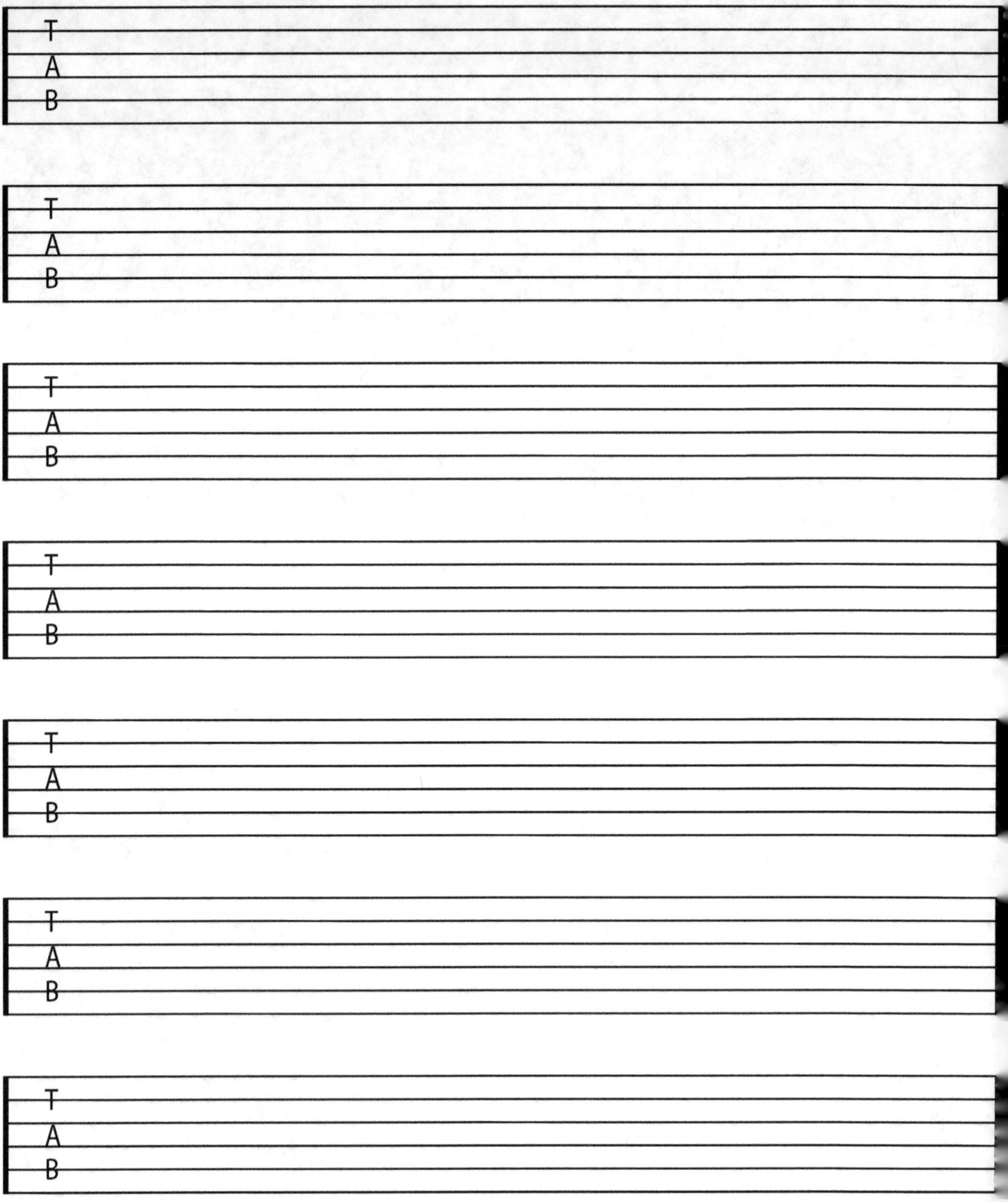

T
A
B

T
A
B

T
A
B

T
A
B

T
A
B

T
A
B

T
A
B

T
A
B

T
A
B

T
A
B

T
A
B

T
A
B

T
A
B

T
A
B

T
A
B

T
A
B

T
A
B

T
A
B

T
A
B

T
A
B

T
A
B

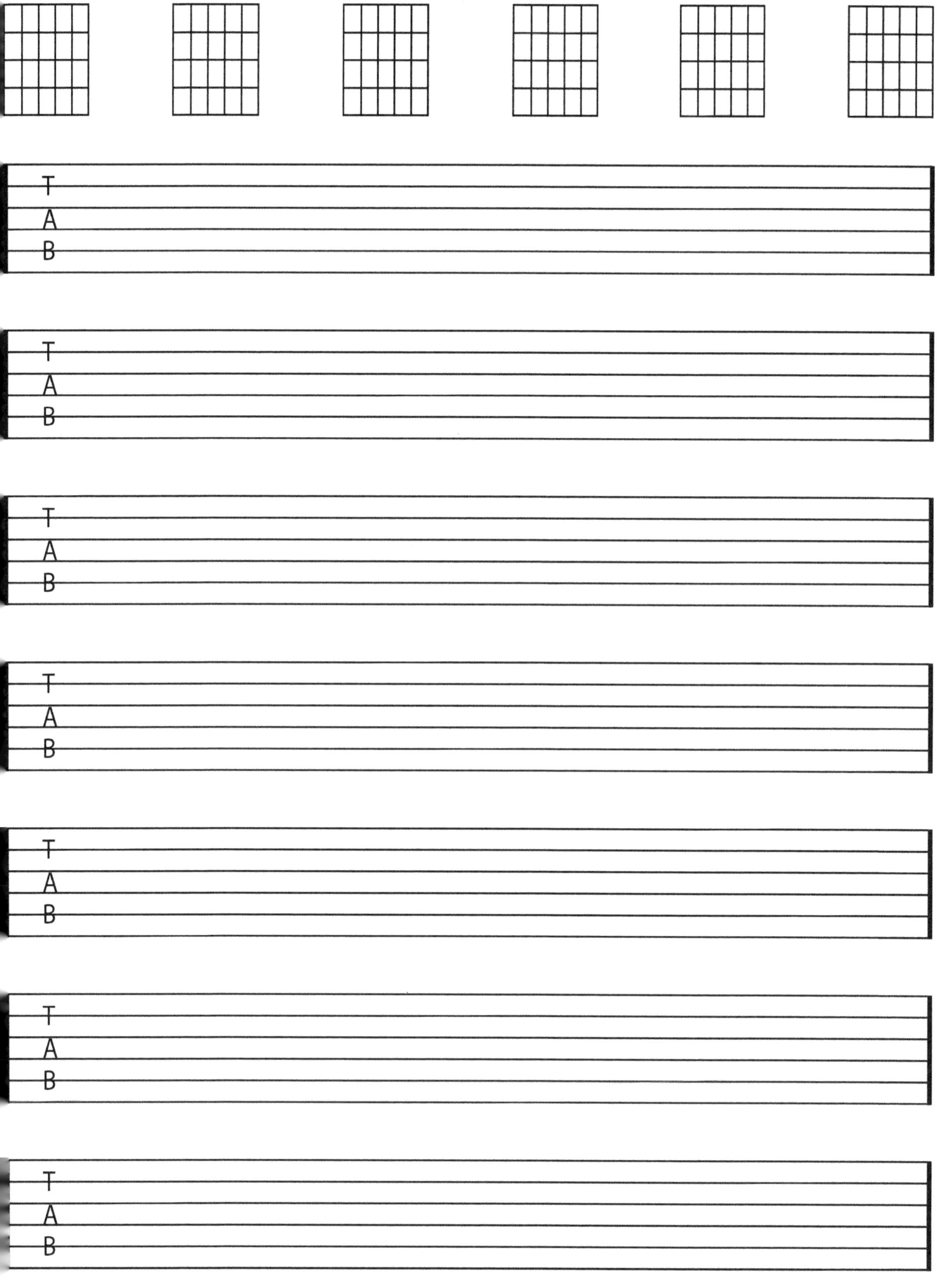

T
A
B

T
A
B

T
A
B

T
A
B

T
A
B

T
A
B

T
A
B

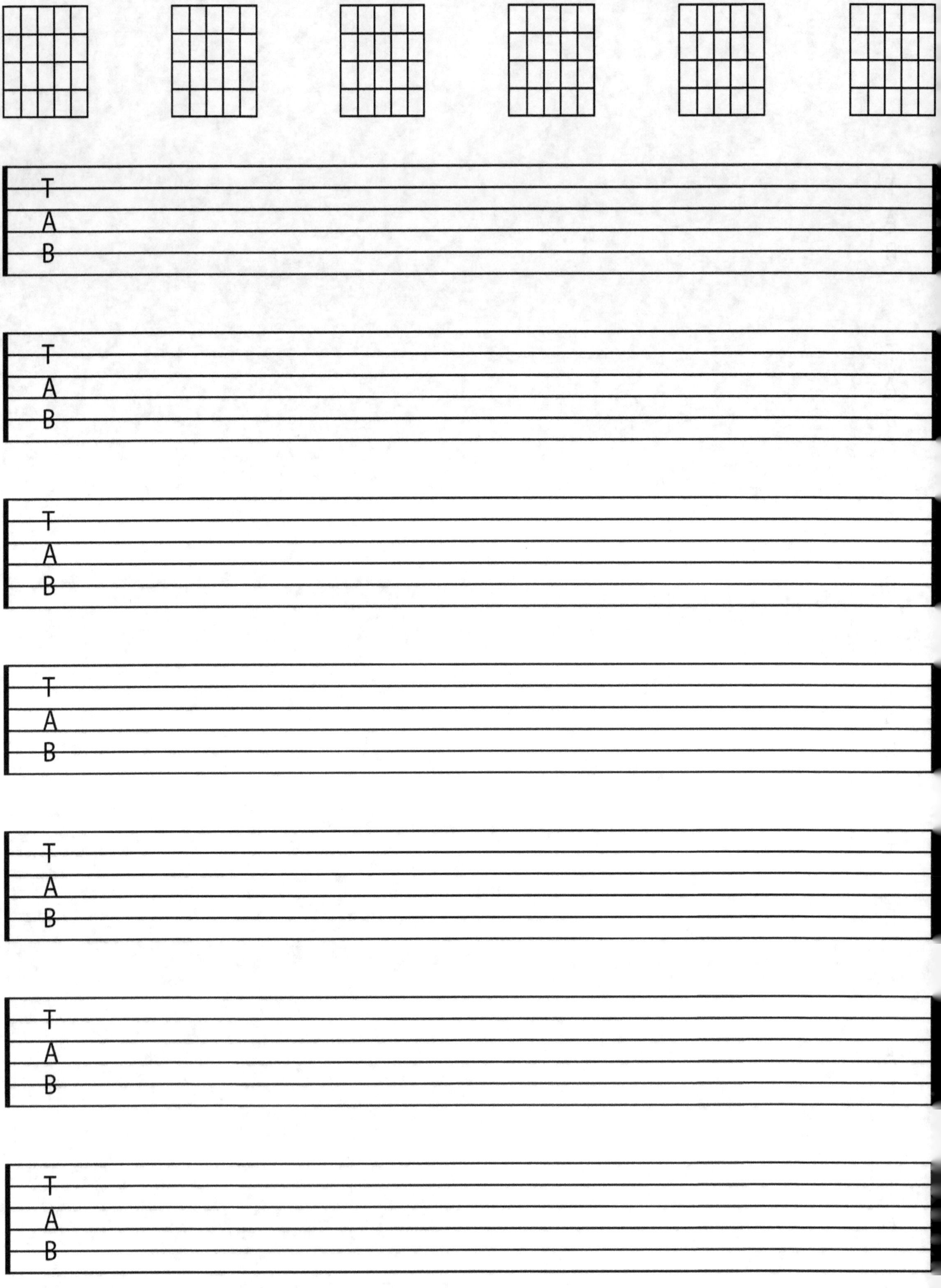

T
A
B

T
A
B

T
A
B

T
A
B

T
A
B

T
A
B

T
A
B

T
A
B

T
A
B

T
A
B

T
A
B

T
A
B

T
A
B

T
A
B

T
A
B

T
A
B

T
A
B

T
A
B

T
A
B

T
A
B

T
A
B

T
A
B

T
A
B

T
A
B

T
A
B

T
A
B

T
A
B

T
A
B

T
A
B

T
A
B

T
A
B

T
A
B

T
A
B

T
A
B

T
A
B

T
A
B

T
A
B

T
A
B

T
A
B

T
A
B

T
A
B

T
A
B

T
A
B

T
A
B

T
A
B

T
A
B

T
A
B

T
A
B

T
A
B

TAB

TAB

TAB

TAB

TAB

TAB

TAB

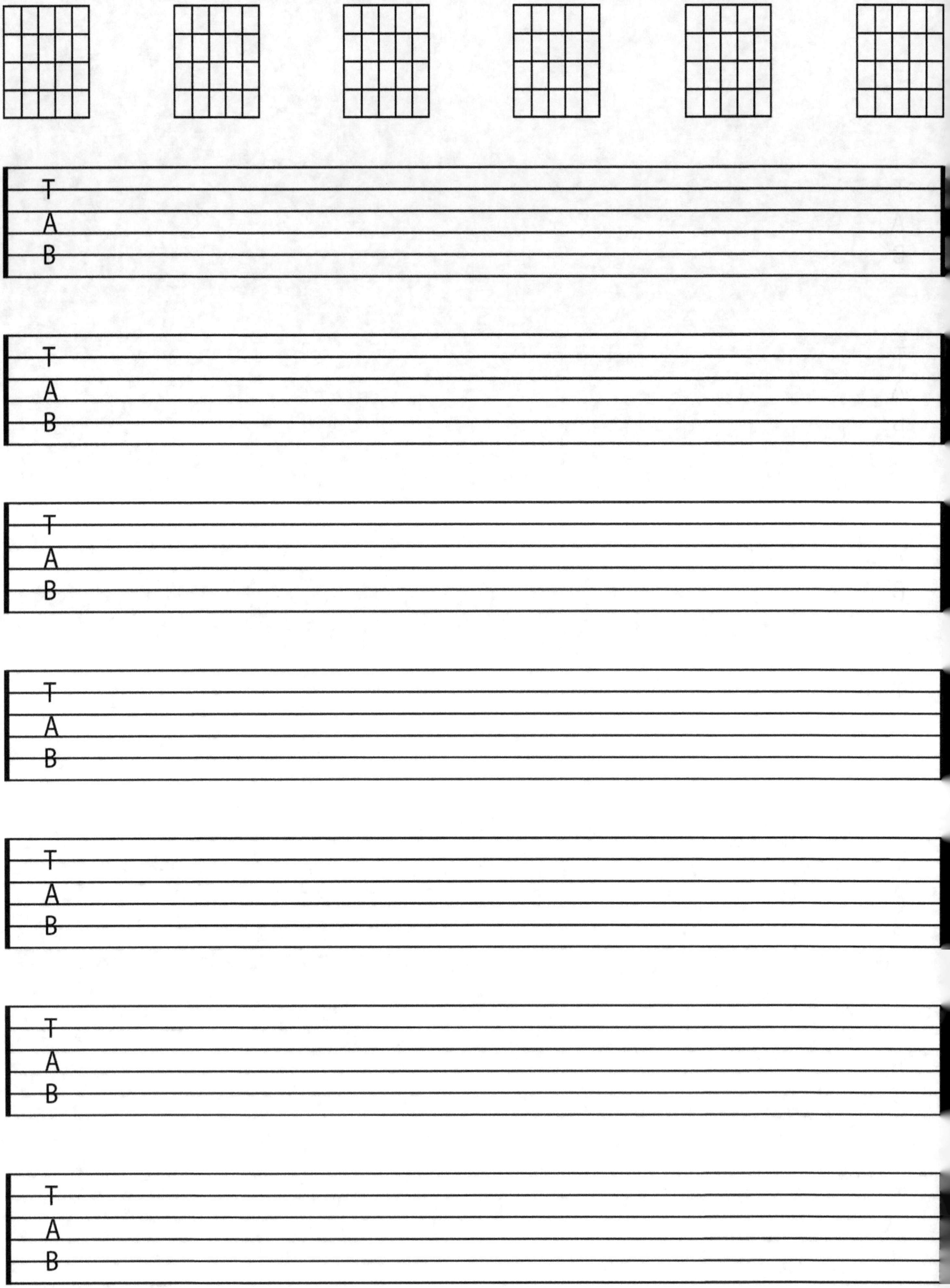

T
A
B

T
A
B

T
A
B

T
A
B

T
A
B

T
A
B

T
A
B

T
A
B

T
A
B

T
A
B

T
A
B

T
A
B

T
A
B

T
A
B

T
A
B

T
A
B

T
A
B

T
A
B

T
A
B

T
A
B

T
A
B

T
A
B

T
A
B

T
A
B

T
A
B

T
A
B

T
A
B

T
A
B

T
A
B

T
A
B

T
A
B

T
A
B

T
A
B

T
A
B

T
A
B

T
A
B

T
A
B

T
A
B

T
A
B

T
A
B

T
A
B

T
A
B

T
A
B

T
A
B

T
A
B

T
A
B

T
A
B

T
A
B

T
A
B

T
A
B

T
A
B

T
A
B

T
A
B

T
A
B

T
A
B

T
A
B

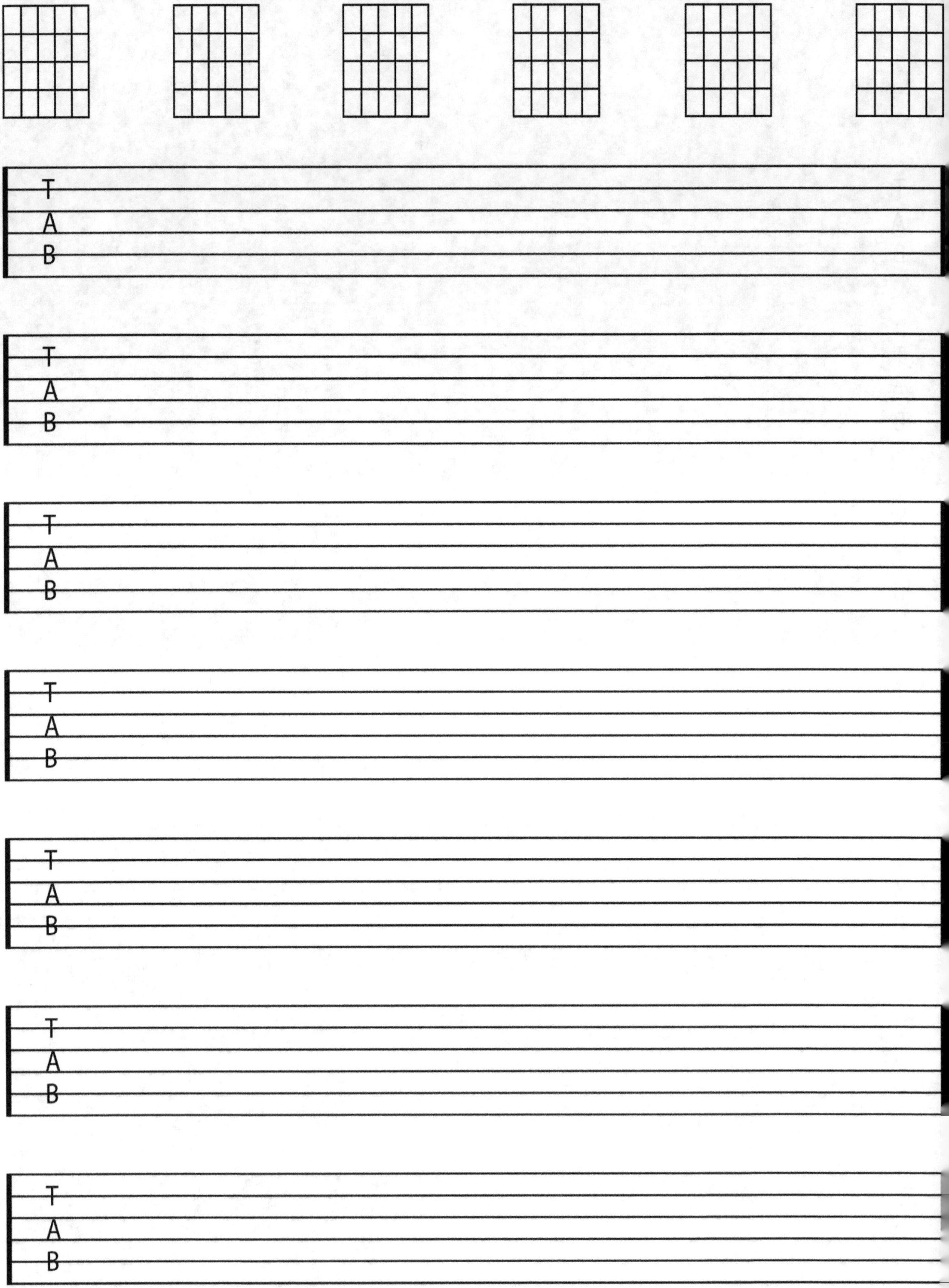

T
A
B

T
A
B

T
A
B

T
A
B

T
A
B

T
A
B

T
A
B

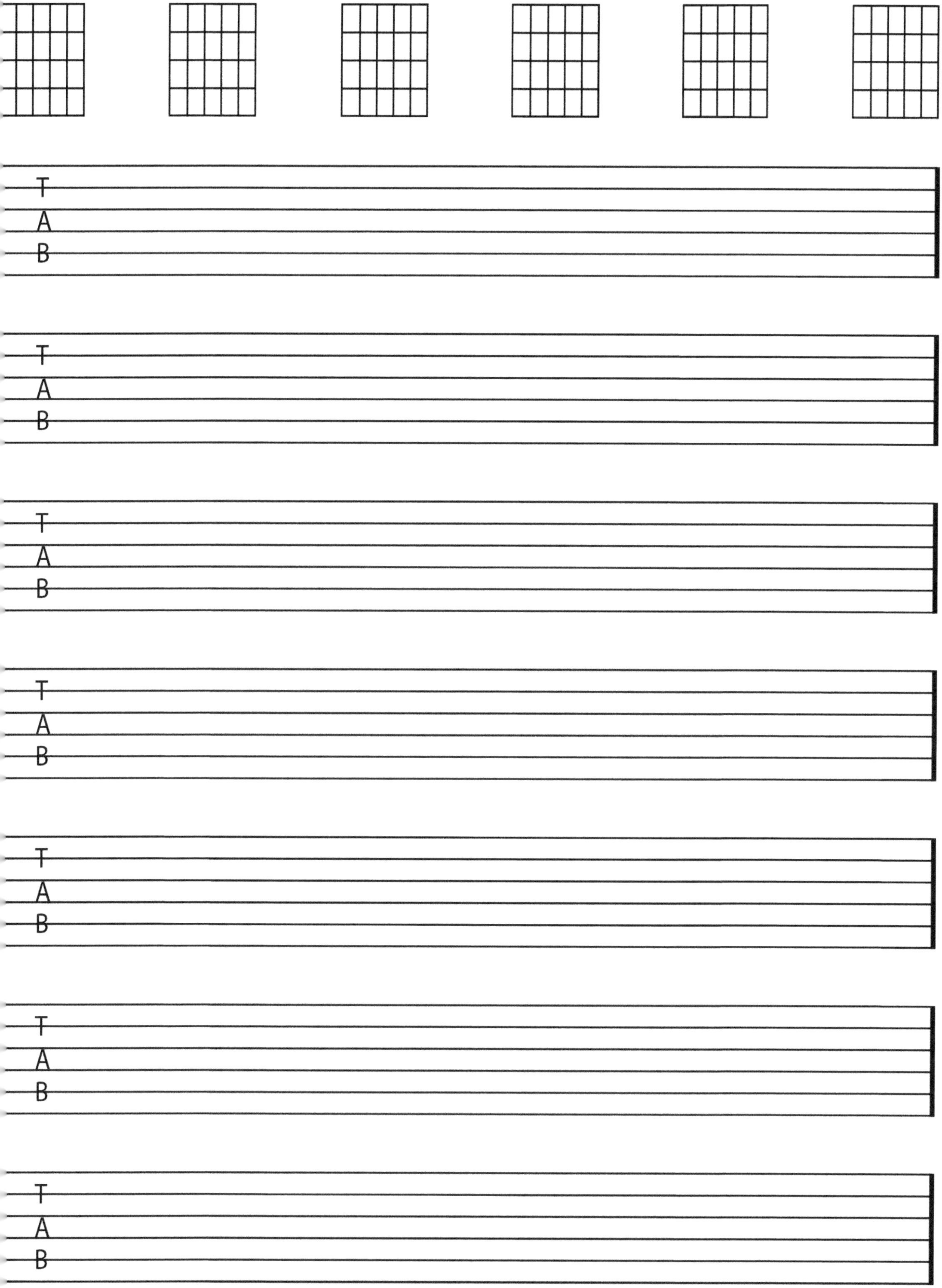

T
A
B

T
A
B

T
A
B

T
A
B

T
A
B

T
A
B

T
A
B

T
A
B

T
A
B

T
A
B

T
A
B

T
A
B

T
A
B

T
A
B

T
A
B

T
A
B

T
A
B

T
A
B

T
A
B

T
A
B

T
A
B

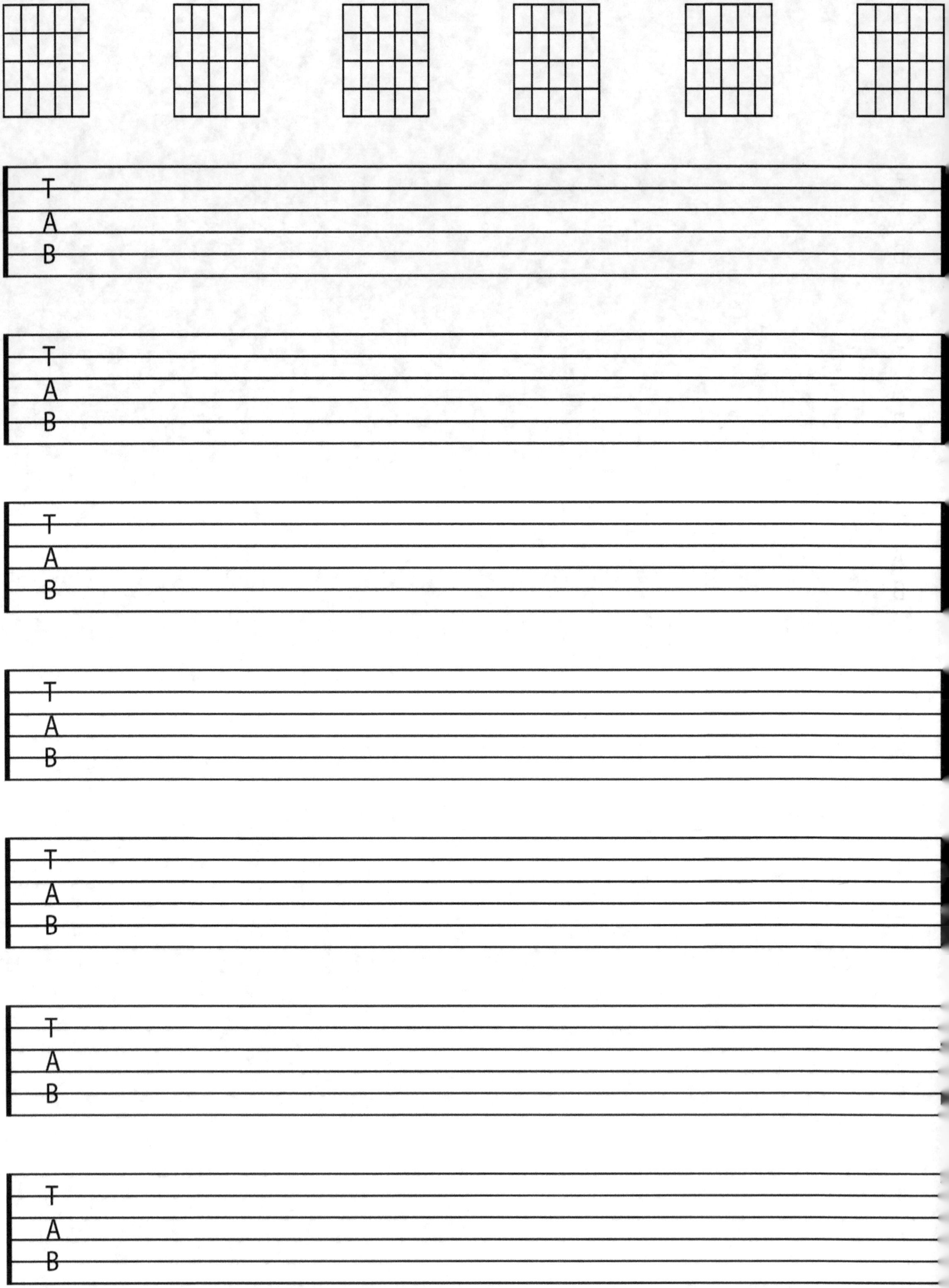

T
A
B

T
A
B

T
A
B

T
A
B

T
A
B

T
A
B

T
A
B

T
A
B

T
A
B

T
A
B

T
A
B

T
A
B

T
A
B

T
A
B

T
A
B

T
A
B

T
A
B

T
A
B

T
A
B

T
A
B

T
A
B

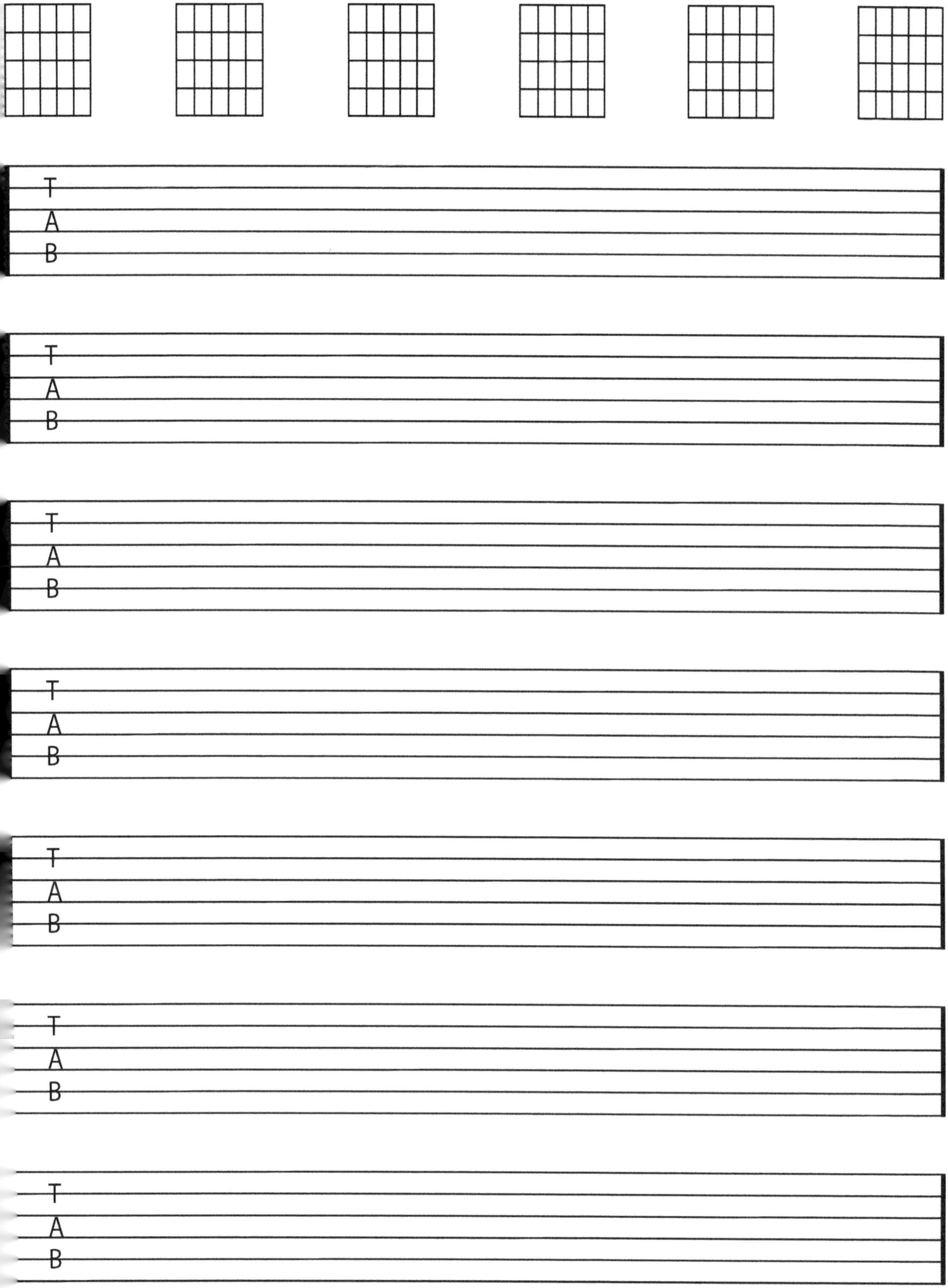

T
A
B

T
A
B

T
A
B

T
A
B

T
A
B

T
A
B

T
A
B

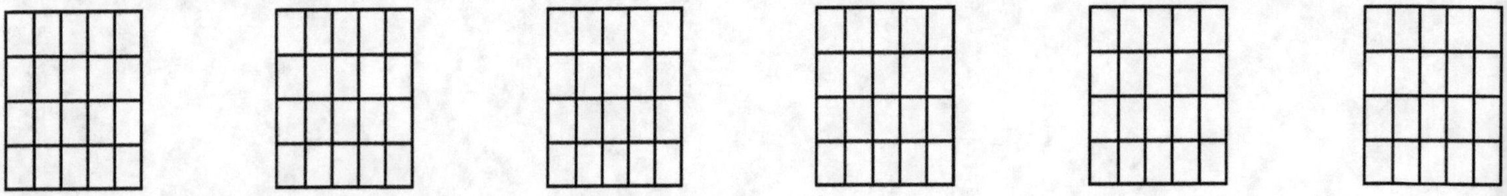

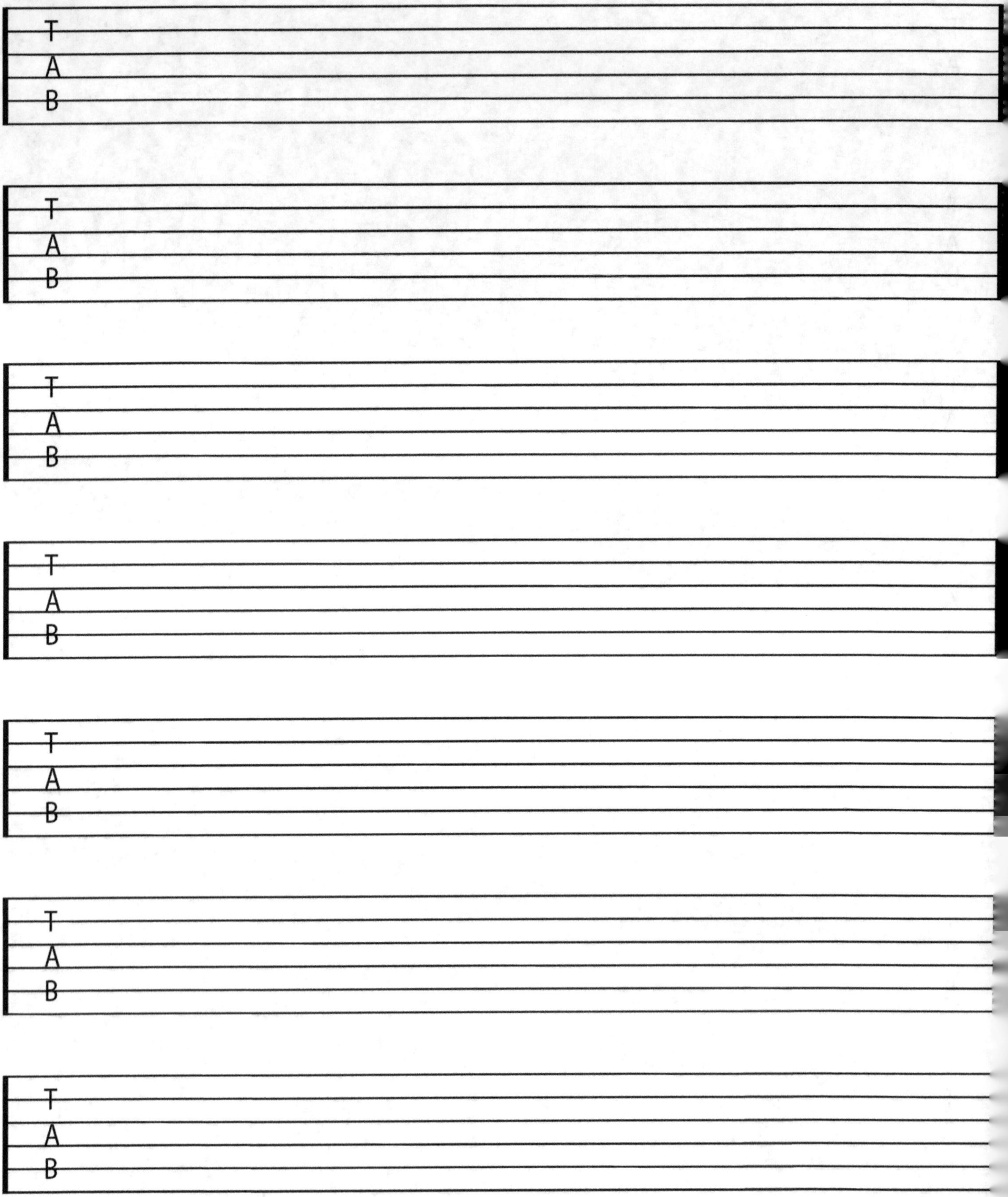

T
A
B

T
A
B

T
A
B

T
A
B

T
A
B

T
A
B

T
A
B

T
A
B

T
A
B

T
A
B

T
A
B

T
A
B

T
A
B

T
A
B

T
A
B

T
A
B

T
A
B

T
A
B

T
A
B

T
A
B

T
A
B

T
A
B

T
A
B

T
A
B

T
A
B

T
A
B

T
A
B

T
A
B

T
A
B

T
A
B

T
A
B

T
A
B

T
A
B

T
A
B

T
A
B

T
A
B

T
A
B

T
A
B

T
A
B

T
A
B

T
A
B

T
A
B

T
A
B

T
A
B

T
A
B

T
A
B

T
A
B

T
A
B

T
A
B

T
A
B

T
A
B

T
A
B

T
A
B

T
A
B

T
A
B

T
A
B

T
A
B

T
A
B

T
A
B

T
A
B

T
A
B

T
A
B

T
A
B

T
A
B

T
A
B

T
A
B

T
A
B

T
A
B

T
A
B

T
A
B

T
A
B

T
A
B

T
A
B

T
A
B

T
A
B

T
A
B

T
A
B

T
A
B

T
A
B

T
A
B

T
A
B

T
A
B

T
A
B

T
A
B

T
A
B

T
A
B

T
A
B

T
A
B

T
A
B

T
A
B

T
A
B

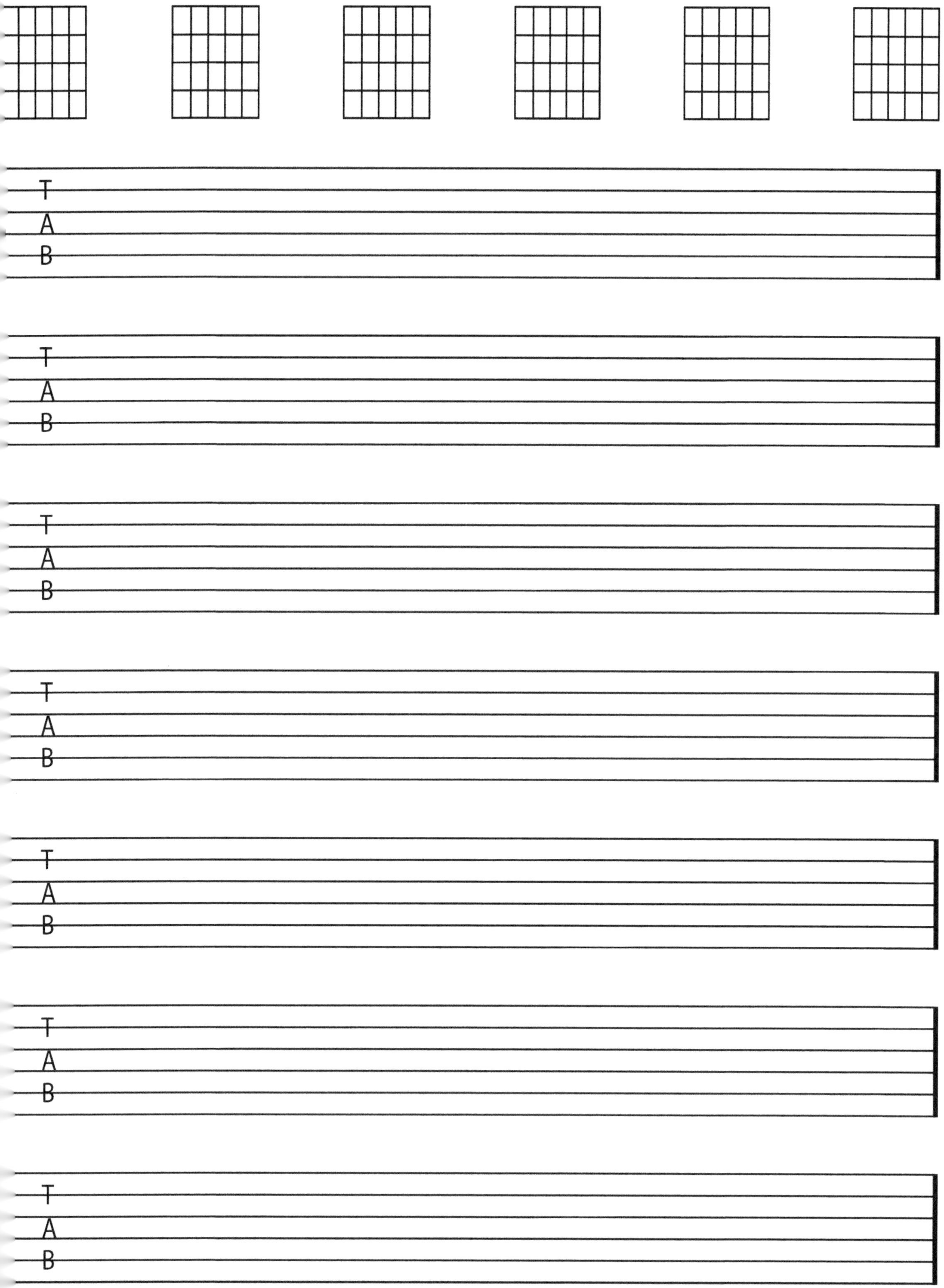

T
A
B

T
A
B

T
A
B

T
A
B

T
A
B

T
A
B

T
A
B

T
A
B

T
A
B

T
A
B

T
A
B

T
A
B

T
A
B

T
A
B